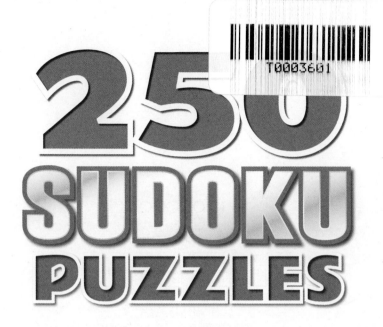

250 SUDOKU PUZZLES

igloobooks

igloobooks

Designed by Simon Parker
Edited by Claire Ormsby-Potter

Puzzle compilation, typesetting and design by:
Clarity Media Ltd, http://www.clarity-media.co.uk

Published in 2022
First published in the UK by Igloo Books Ltd
An imprint of Igloo Books Ltd
Cottage Farm, NN6 0BJ, UK
Owned by Bonnier Books
Sveavägen 56, Stockholm, Sweden

Manufactured in China. 0622 002
10 9 8 7 6 5 4 3 2

Library of Congress Cataloging-in-Publication
Data is available upon request.

ISBN 978-1-83852-557-6
IglooBooks.com
bonnierbooks.co.uk

No. 1 Easy

		1				5		4
	4		9	2		1	6	
			4	3		2		9
4			3	6				
	8						4	
				4	7			6
2		8		9	4			
	3	4		5	6		1	
1		9				4		

No. 2 Easy

				5	2		4	3
5	4		9					
			7	4		2		1
1						4	7	6
9								2
4	7	6						9
7		4		6	1			
					7		9	4
2	3		4	8				

No. 3 Easy

	1				4	5	9	
4	5							
8		3			5		4	6
		1			6			9
2			3		7			1
3			5			4		
7	4		1			9		2
							3	5
	3	6	2				1	

No. 4 Easy

	4			7	5			9
7			9				2	5
		9	4	2				
		4	8					
9	3		6		7		8	4
					2	1		
				3	1	5		
1	5				4			2
3			5	9			4	

No. 5 Easy

			6			2		4
		5	1		9			
	4			2			6	
3	5			7		4		8
7			2		4			6
2		4		5			7	9
	1			6			3	
			5		3	6		
4		6			1			

No. 6 Easy

		6	1			3		
1			6			8	4	2
5		9	2			1		
3			9					5
		7				4		
6					4			3
		5			2	6		1
9	1	2			8			4
		8			1	2		

No. 7 Easy

8				6	5			2
		7	8			6		1
			3	1				5
	7					5		3
		3	5		6	8		
1		5					6	
4				5	7			
7		2			8	3		
5			9	3				8

No. 8 Easy

6	2	3	9					
				7				
1			8			9	2	
	8	9	5	2		4	6	
	4						5	
	5	6		4	8	2	3	
	6	5			2			7
				8				
					5	6	8	2

No. 9 Easy

	5			3	1		4	
	1		6					
6	2	8	5		7	1		
1	7							
5			2		3			4
							5	1
		2	4		5	3	1	6
					6		2	
	6		3	7			8	

No. 10 Easy

	9		2	6			8	
						7	4	
8	1						9	6
		6	3		1	9		
	3		6		5		2	
		4	8		9	5		
2	5						3	9
	4	9						
	8			9	2		1	

No. 11 Easy

	3			1		5		
8	1		5		9		3	
		5	8			4	9	
	4	1						
	9		3		1		2	
						1	7	
	7	2			3	9		
	5		7		8		1	6
		6		9			5	

No. 12 Easy

					1	2		
		1	3		4		7	6
	5		8	2				3
		5	1			8		
	1	2				4	3	
		9			2	1		
4				1	5		2	
5	2		4		3	6		
		3	2					

No. 13 Easy

9				8	3		7	5
						2		
		2	6			9		4
4				5	7		2	
2			1		6			7
	1		8	2				6
5		4			8	1		
		9						
8	3		4	1				2

No. 14 Easy

			6	1		2	8	
				2			7	3
	8		5				6	4
4		8		9				
	2		4		6		1	
				5		4		7
8	3				5		9	
7	5			6				
	6	9		8	1			

No. 15 Easy

2			6		9	7	4	8
4						9		
	8						5	3
		7	4				6	
3		1				8		5
	9				5	4		
1	7						9	
		4						7
8	6	3	9		7			4

No. 16 Easy

		2				7	9	
5		6	4	9				8
	8	9			2			4
				2	1		5	
			9		5			
	5		6	3				
9			7			3	4	
4				1	9	5		7
	2	5				8		

No. 17 Easy

	9			2		8	3	
			6					2
	4			3			7	9
		9	2	4	8		5	7
7	2		9	6	5	1		
4	7			5			9	
9					3			
	3	8		9			6	

No. 18 Easy

6	9			2				3
5			9			4		
	4			6			8	9
	7		3	5		6		8
8		5		7	2		9	
7	3			9			4	
		6			1			2
1				4			6	5

No. 19 Easy

7				5				
	2	4			9	3	5	
5		6			3			
		2	5	1		9		
	6		9		7		8	
		3		8	2	6		
			6			7		4
	4	1	7			5	9	
				4				2

No. 20 Easy

			6			3	5	
6			7		4			9
		9		3	8	6		1
		4			7			5
9								8
5			9			4		
2		6	8	4		7		
4			1		3			6
	9	1			6			

No. 21 Easy

	3				4			1
	6		9	1		7		
		1				9	4	
			1	2		6	3	
	2		4		8		5	
	1	6		5	9			
	4	9				2		
		3		9	2		1	
1			6				9	

No. 22 Easy

	2	4	6		5			
3				1	9			2
			2					
2		9	1			4		6
	4	6				3	9	
8		1			6	2		5
					7			
1			8	2				7
			5		1	6	2	

No. 23 Easy

	8	7		2				1
6		2		5		8		
4							7	6
2	5	8	3				1	
	9				2	5	8	3
5	4							8
		6		3		1		5
1				8		7	6	

No. 24 Easy

7			3					
	5	6	7		9	2		
	2					7	5	3
	1			7		6		4
2								1
8		4		3			2	
4	3	9					1	
		2	4		1	3	9	
					3			2

No. 25 Easy

	4			8	2			
9		8				2		
	6	2	7		4			
2	9		3	5				
		5	8		6	4		
				2	7		9	3
			5		3	1	4	
		6				3		9
			2	7			6	

No. 26 Easy

		7	1		2			
	5	9		4				1
1						4	6	7
2					4	1		3
		6				7		
7		3	5					6
9	3	1						2
5				9		3	1	
			3		5	6		

No. 27 Easy

				2	3	9	4	
		9	7			6	2	
	4		6			7	8	
	8		9	6				7
6				7	8		5	
	9	8			6		7	
	2	1			7	5		
	7	6	2	4				

No. 28 Easy

	4	6		8	5		9	
		9		7		1		4
5					4		7	
4	6							5
			8		9			
9							3	6
	9		2					3
3		4		1		5		
	5		4	9		7	6	

No. 29 Easy

2							4	6
	6	1	2	5	7			
	9		4			2		
	7	4	1		8		6	
	1		6		4	8	7	
		7			6		3	
			7	4	5	6	8	
9	4							7

No. 30 Easy

2		6	4					
		3				2	6	4
4	1		6				7	
6	5			1	4			
		8				6		
			8	5			4	9
	6				9		5	8
9	3	4				1		
					1	4		6

No. 31 Easy

	4							
	3	6			5	2		
5		1	8			6		
	5	4	7	6				3
3			4		8			5
6				5	9	7	1	
		3			4	5		9
		5	2			1	7	
							3	

No. 32 Easy

2				8	6		3	9
			3			4		6
				2		1		
3		4		7		2		
5	2						8	3
		7		3		6		4
		2		4				
4		9			3			
7	8		9	6				2

No. 33 Easy

3		5		7	2		8	1
				6			2	
	8		3		9		7	
			2		5			8
	3						6	
8			9		6			
	5		8		4		1	
	9			5				
2	4		1	9		8		6

No. 34 Easy

		8	7		2	1		
		7	5		4		3	9
6			8					2
5								
2	8	1				3	7	4
								1
8					5			7
7	3		1		6	4		
		2	4		7	6		

No. 35 Easy

						2		
		6	5			9	8	7
	7	8	1	2				
1					7		3	
	8	2	3		5	6	4	
	5		8					2
				3	1	8	2	
3	6	1			2	4		
		9						

No. 36 Easy

1	5		4					2
				5		3	8	1
	8			6	3			
3		9	7		5		6	
	6		8		1	9		7
			3	7			1	
6	4	1		2				
7					4		5	6

No. 37 Easy

		7	8			4	5	
5	2				6			
8			7	5		1		
		6		8	7		3	
	8						7	
	7		2	6		9		
		2		7	9			1
			6				2	9
	4	8			3	5		

No. 38 Easy

	5					4		
		6		9		2	3	5
						6	8	
5		2	9	8		3		
	1		7		5		4	
		9		3	1	5		6
	9	5						
4	3	1		6		8		
		7					5	

No. 39 Easy

9					7		4	
2	5	7					1	9
	3			2				
6		5		8				
7	2		4		6		5	3
				5		6		4
				7			8	
3	7					9	2	1
	8		1					7

No. 40 Easy

7					5		9	1
		2	1	4				6
	9	1			6		2	
1						3		
	8	6				5	7	
		3						9
	4		6			9	3	
3				5	4	2		
6	7		2					4

No. 41 Easy

4	2	5					6	
1								
	8	7	1					
5	6			2		3		
3	4	8	5		1	9	2	6
		2		6			1	5
					4	5	8	
								1
	5					2	3	4

No. 42 Easy

		9			4	1	8	3
	1							
8		3	6	1		5		
			4				1	
7	6	4				9	5	2
	5				2			
		7		8	6	4		1
							9	
1	4	6	9			7		

No. 43 Easy

4	2		5		9			
3				1			2	
						4		5
6	5	3			4	1		
	4		1		7		3	
		7	2			6	4	8
1		6						
	7			3				4
			7		5		1	6

No. 44 Easy

1	9	3		7		8	6	
	2					3		
4			3	1		9		
			7	4			1	3
8	4			6	3			
		4		9	7			2
		1					9	
	3	9		2		6	7	8

No. 45 Easy

		5	2		4		3	7
				9		2		
	2			1				9
				2		3	7	
2		9	3		1	8		4
	1	3		5				
4				3			8	
		2		4				
1	3		8		5	4		

No. 46 Easy

2	1	8			6			9
6		4		9	1	2		3
			7					
		3	2				1	
		1				8		
	8				3	7		
					9			
8		2	3	7		6		1
9			1			5	2	7

No. 47 Easy

5		1						
2	7	8			1	5		
			5		8		1	
	5	6						3
	9	2	6		5	8	4	
4						6	5	
	6		9		7			
		5	2			1	9	6
						3		5

No. 48 Easy

	6		7			9	3	8
8			4	6				
	2			8	1			
2	4			1			9	
		3				8		
	5			4			6	7
			1	9			8	
				3	4			2
4	8	6			7		1	

No. 49 Easy

2	3				1			
4		1	5			7	3	8
5			3					
	4	2		3	5		8	
	1		8	4		2	5	
					6			2
1	2	6			3	8		7
			1				9	3

No. 50 Easy

						5		
	6			5				3
3		5	9	8	6	2		
4	2			1	3			5
	7						2	
8			2	9			3	4
		1	5	7	2	4		9
5				3			1	
		2						

No. 51 Easy

9		8				5	4	6
4							1	
7			8			9		
	8	1	9	2	5			
2								5
			6	7	4	1	8	
		5			7			8
	6							1
1	7	2				3		9

No. 52 Easy

	7					5		
8			5		3			
		5	9		1			4
2	5			1	7		3	
7			8		5			2
	3		6	9			4	5
6			7		4	1		
			3		8			7
		7					6	

No. 53 Easy

	9			1		8		
7	1		8					6
6		8			3		5	
	4			5	7			2
		9				6		
2			9	3			8	
	8		5			2		1
1					9		4	8
		7		2			6	

No. 54 Easy

9		2		1			4	6
							2	
	6	8	3			7		
	4				1	5		
1	2	9				6	7	4
		5	6				9	
		4			7	1	6	
	1							
5	8			6		4		2

No. 55 Easy

		3	9	8	4		6	
							5	9
	7	6			3		8	
	9	8		4				
6		4				5		8
				6		4	7	
	6		3			9	2	
5	3							
	8		4	9	5	6		

No. 56 Easy

	4	6		5		9		1
	8			9		6		
	5			6	2		3	4
1						2		
		3				5		
		7						3
6	1		5	4			8	
		5		2			4	
2		4		8		3	9	

No. 57 Easy

	3	4						5
5				3		4		
1	9	7		4		3		
		1	8		7			4
		3				2		
9			4		3	7		
		9		7		1	5	2
		2		1				3
7						6	4	

No. 58 Easy

				7		9		
	6	7					4	
1	4		9	6			2	3
3		1		5				4
	5						7	
6				4		8		5
7	3			1	4		8	9
	9					4	3	
		4		9				

No. 59 Easy

	3	9	1		2		8	5
6				5				
	2				8			
	9	5	6	2		1		
			4		9			
		6		1	5	7	9	
			5				2	
				8				1
2	5		9		1	3	6	

No. 60 Easy

	3					5		
1		5	6		9			
		7			2			6
7	1			6	3			5
5			8		1			7
3			5	2			1	4
8			7			9		
			2		5	6		1
		3					4	

No. 61 Easy

5		1		4				
		3	1	6	8		9	
	9	8			5			2
1	5	6	2					
					3	6	5	1
9			5			3	8	
	6		8	1	4	5		
				9		2		4

No. 62 Easy

7				9	6			1
	6	2		5			3	8
3	9		8	2			7	
							4	
			2		9			
	1							
	7			6	5		8	2
1	8			3		5	6	
5			7	8				4

No. 63

Easy

	8	2		9				
9					1	2	7	
4	1						3	9
1	5	9	6		7			
			8		3	9	6	1
2	4						1	5
	9	3	1					7
				3		6	9	

No. 64 Easy

	9	3	4	8				
8	5			2	1		9	
	6				3			
	2	7			8		1	
		6				3		
	8		3			5	2	
			8				3	
	1		2	3			4	5
				6	4	9	7	

No. 65 Easy

5		3						
	9	6		4	1	3		
		8	5		3			2
8		5		1				4
	6						9	
9				8		5		1
6			4		2	7		
		4	7	6		2	8	
						4		6

No. 66 Easy

5	6			9	1			3
		9	2					5
			4		7		9	6
	5			1				4
			7		4			
7				3			1	
8	4		3		9			
3					5	4		
6			1	4			3	7

No. 67 Easy

2			6	4	8			1
6	4		9	5	1		2	8
	1	8		9				
	3						7	
				2		8	4	
1	2		4	8	9		5	3
3			7	1	6			4

No. 68 Easy

	5		7			6		9
3			5	6			7	4
						3		
	1	6		2			4	
5		3				2		8
	8			3		5	6	
		5						
4	3			5	7			6
1		2			6		3	

No. 69 Easy

2		6		5	9			7
	9		7					
4						9	6	
			1	4		2		8
		5	9		2	4		
1		2		3	7			
	1	4						6
					1		4	
5			2	7		8		1

No. 70 Easy

				3		5	6	
9	6	2			5			
5			6		2	9		
		6		8			5	
4		7				1		8
	8			2		7		
		4	3		8			9
			2			6	4	3
	1	3		9				

No. 71 Easy

			2					1
7	8				1	2		
			4	7		9	5	8
	3						9	5
8		7				1		3
9	1						4	
1	4	8		3	6			
		5	1				8	9
3					7			

No. 72 Easy

		9	8					
4				1				
3	1			4	9	7		8
1	6			7			3	
		8	3		5	1		
	3			8			9	4
2		1	4	5			8	9
				9				2
					8	5		

No. 73

Easy

5	8	1					9	
7			4					
		9	6					7
6	7			5		2	8	
3	1						7	5
	5	2		4			3	6
2					6	9		
					2			8
	9					3	6	2

No. 74 Easy

	6	7		2			9	
	8	5				7		
2			1	7		4		6
				8	6	3	4	
	7	3	9	1				
3		6		9	1			4
		1				5	6	
	4			6		1	3	

No. 75 Easy

9	8					5		1
1	6				9		2	
		3				9		
7		8		4				2
	9		8		7		1	
2				1		7		6
		9				6		
	5		3				4	9
6		7					5	8

No. 76 Easy

3	8	2		5	1			
4	1						3	
5		7						
			2	3		4	8	
1			8		5			2
	2	8		1	6			
						7		4
	5						6	8
			1	8		3	5	9

No. 77 Easy

6		1					3	2
	7		1		3			8
				2			7	9
1			7	9	4			
		4				7		
			5	8	6			1
2	5			7				
7			4		9		2	
4	3					9		7

No. 78 Easy

5			7	3	6			2
		7			8			5
	1				4			6
7			5			8		
	8		4		3		5	
		4			2			3
3			8				4	
4			6			9		
8			3	4	1			7

No. 79 Easy

			4	3	1	8		2
5			7	9			3	4
				2				1
			1			9		3
	1						8	
3		5			9			
7				1				
1	9			4	3			5
4		2	5	7	6			

No. 80 Easy

7				8	2		6	1
				1		5		
	1	8			4	9	7	2
4	9	5						
						1	2	9
3	8	1	4			6	9	
		9		6				
5	6		1	9				3

No. 81 Easy

	4		9			8		
7				1	6		5	
5		8						6
				8		6	7	9
		9	5		1	3		
8	7	3		6				
2						9		4
	1		6	9				5
		5			4		6	

No. 82 Easy

6						7	1	
	7		1		2			5
			9	7			2	3
			5	1			4	
		1	4		8	5		
	8			2	7			
7	4			8	5			
5			2		4		7	
	3	6						4

No. 83 Easy

		4				3	5	
	3		7		1			
	2			5				
3			1	2		6		7
2		6	4		3	9		5
1		7		9	8			3
				1			3	
			2		6		7	
	6	1				2		

No. 84 Easy

6	1	7				9		
					7			4
	8	3			9	7		
	7		5	8		6		9
5								8
9		8		1	6		7	
		9	7			4	2	
1			6					
		4				5	9	1

No. 85 Easy

	4						2	1
9							7	
5	7	2	4	3				
1	8	6	5	7				
			1		3			
				4	2	9	1	6
				5	4	1	8	9
	9							5
2	5						6	

No. 86 Moderate

			3					
		3		6		1	9	
	8			1				
9			4				3	
		2	9		3	8		
	7				8			5
				4			6	
	6	1		8		3		
					5			

No. 87 Moderate

9		4			7	8		
1								
					3	9	6	
		6	9		5			2
	9			6			5	
4			7		8	6		
	4	9	8					
								9
		2	1			4		7

No. 88 Moderate

8			3	2			5	4
					7	1		
			5				2	
2				3	5		4	
				7				
	3		8	1				9
	1				4			
		7	1					
3	4			5	8			7

No. 89 Moderate

4			6					
6		2						
	9		5		3	2		
								1
9	6			4			5	8
5								
		1	7		4		8	
						5		3
					1			6

No. 90 Moderate

		7		3				
8		1	4					
		9	6		7	1		
			2				9	
	6	4		1		3	5	
	9				3			
		3	7		4	8		
					9	5		7
				6		4		

No. 91 Moderate

		1				8		5
	8			4	5	9		
3	9				1			6
2			6					
	1						5	
					8			3
8			1				7	4
		4	2	3			9	
1		9				3		

No. 92 Moderate

		3			7			8
4		5			1			
				3	8		1	
9			8					7
	4		3		2		9	
5					6			1
	5		2	8				
			1			5		6
7			4			9		

No. 93 Moderate

		3			2	8		9
						7	2	
	4		7		8			
2				7		5		
	3						1	
		6		4				2
			8		7		6	
	8	1						
3		5	6			1		

No. 94 Moderate

			5					6
	1		9			3		7
2						5		
9				5	2	4		
6		2				1		5
		8	6	1				3
		9						1
1		7			9		5	
8					7			

No. 95 Moderate

9			4				8	
	7	3				6		
			8			7		
1			6			5	2	
		9				1		
	2	6			5			9
		8			1			
		5				4	3	
	9				3			2

No. 96 Moderate

		9		5		6	3	
6	3			7				5
				6	8			
	2					5		8
	8						1	
7		4					6	
			6	8				
2				9			5	7
	9	1		2		3		

No. 97 Moderate

			5			9		3
9	2	7						
5					6		7	
	7	5	6		1			
1								7
			8		2	4	1	
	3		1					4
						3	6	8
2		4			3			

No. 98 Moderate

	6				4	9	5	
		2	8		9		4	1
				1				
			1			4		
4		7				3		8
		9			7			
				3				
2	5		9		6	1		
	9	3	7				2	

No. 99 Moderate

7								
2		1	9	4				3
	4				1			8
					7		9	
4		9		8		3		7
	7		3					
6			2				5	
1				6	5	8		2
								4

No. 100 Moderate

			2		1		3	
	5						1	
			3	8		6		
	7	4			6	1		
		1				7		
		3	1			8	2	
		5		1	4			
	1						4	
	8		6		3			

No. 101 Moderate

	6				8		1	
5						4		
7			2					8
	8			1				4
2		1				6		3
4				7			8	
1					3			2
		4						5
	3		7				9	

No. 102 **Moderate**

6		5						
1			2		4	6		9
	3				1			
	7	1	3					
				4				
					5	8	7	
			6				8	
8		9	1		3			2
						1		3

No. 103 Moderate

9	5	8						
				5	9			8
6						1		
	9		8	1			7	
		4	3		5	2		
	1			4	7		8	
		9						7
7			6	2				
						3	2	5

No. 104 Moderate

	8		1		9	6		2
4	7							
		7	3				6	5
1	4			9			2	8
5	6				1	3		
							5	6
6		1	2		5		9	

No. 105 Moderate

4		2		8		7		
5			4			9		
	6		3	2				
	2							4
1				9				7
7							9	
				3	2		8	
		3			9			1
		1		6		4		2

No. 106 Moderate

3								
1	7	5	3					
		6		5		8		
				3	5		2	9
2				8				7
7	6		4	2				
		7		4		9		
					9	7	5	8
								1

No. 107 Moderate

					6		9	5
	7						4	8
4					9	6		
8				6	7		3	
		3				7		
	6		3	5				9
		1	5					4
7	3						5	
2	4		9					

No. 108 Moderate

		7		8				1
	8		9				5	
1		5			6	7		
2	5							
		8				6		
							4	3
		2	4			5		9
	4				3		7	
9				2		1		

No. 109 Moderate

	9					7		
		6	4				5	
7				2		6	9	
	2				6	3		
				8				
		5	9				8	
	1	8		4				5
	6				5	2		
		9					6	

No. 110 Moderate

6				7		5		
					1			
	1	7	4					8
	2	3	7		9		5	
				5				
	9		2		4	7	8	
7					8	2	4	
			9					
		8		3				1

No. 111

Moderate

3	2				8	1	5	
			1	3		8		
	8							
		7	2					
	3	2	8		4	6	1	
					6	9		
							6	
		8		6	5			
	6	1	3				4	5

No. 112 Moderate

		1		5	6		7	4
	2			4	3			
							8	5
			9			6	1	
6								2
	1	8			5			
4	7							
			3	7			9	
1	6		5	2		8		

No. 113 Moderate

1					5			
	6	5	8				9	3
7							8	
8	3			2				
			6		1			
				3			1	2
	5							6
6	9				2	1	7	
			4					8

No. 114 Moderate

	1	3		7	5			
		4			1			
5	6		9			1		
							2	3
3				2				6
7	9							
		6			8		9	7
			7			8		
			5	1		6	4	

No. 115 Moderate

	1			5		2		
5	8				4			
			6			9	5	
	6	7						3
	9		3		6		1	
8						4	6	
	5	8			7			
			5				7	1
		1		9			8	

No. 116 Moderate

9	6		2					
	2			7			3	
				5	9			
		7		8	2			
5			7		1			8
			5	6		2		
			8	2				
	3			1			6	
					6		1	4

No. 117 Moderate

					6			
					5	4	6	
		8	3			5	1	9
	2		6		9		3	
		1				6		
	5		8		4		2	
5	4	6			1	2		
	7	9	5					
			9					

No. 118 Moderate

		3	5		4			9
	6		8	3				
1				7			2	
						2	4	
8			7		6			3
	5	1						
	1			4				2
				6	7		1	
6			1		5	8		

No. 119 Moderate

					5	2	9	
			7			5	1	
			9	1	3	4		
						6	7	
		4				8		
	2	3						
		5	1	6	4			
	3	9			7			
	4	1	2					

No. 120 Moderate

		9						
			4	5			2	
3				2			4	8
	8		5				6	
5			8		3			4
	4				9		5	
2	5			8				1
	7			1	5			
						5		

No. 121 Moderate

		4				9		
	6							4
3	9		1		7			6
			7		6	5		
	8		5		4		7	
		6	8		1			
2			6		9		8	5
4							6	
		8				7		

No. 122 Moderate

		1			6			7
			8			3	4	9
	8							
4	7				2			
		3				4		
			4				8	6
							3	
1	6	9			7			
3			5			6		

No. 123 Moderate

6		2		7				3
4					6			
	7					4	8	
		5		2			1	
				6				
	8			4		2		
	5	9					2	
			5					7
7				3		8		5

No. 124 Moderate

	9	7			2	8		
			1			4		
	1						9	2
		3			8		4	
7				5				9
	2		3			6		
6	7						5	
		9			4			
		8	9			3	1	

No. 125 Moderate

				3		6		
	8			6				
3					1	8		2
9		4		8		5		
	7		4		3		2	
		2		1		4		7
8		1	5					4
				2			6	
		9		4				

No. 126 Moderate

		7						6
			3		5	4		
5					1			2
	8	3	5					4
9								7
1					4	3	9	
3			6					5
		4	2		8			
8						2		

No. 127 Moderate

2			5	6		4		
	1	9	3					
	6							
9		4			2	6		5
7		6	1			2		8
							5	
					6	9	7	
		2		3	5			1

No. 128 Moderate

		3						
			2				9	
	4	6		7		3		5
			1					2
7		2				6		3
4					2			
8		7		6		5	1	
	6				4			
						9		

No. 129 Moderate

			1					
1	7		8			9	5	
5						4		
			9				4	
	9		7	6	8		1	
	5				2			
		6						2
	2	4			1		7	8
					3			

No. 130 Moderate

		3						
6		8		2				
	9	1		5	8			
		9	5				6	7
7			8		9			4
3	4				1	5		
			1	9		7	5	
				4		3		6
						4		

No. 131 Moderate

			3				6	4
		6		2	1			
3				7			2	1
		4				9		8
	2						5	
6		3				1		
7	9			3				6
			7	5		4		
4	3				8			

No. 132 Moderate

5			3				1	
4			9	1				
7					4			
3		9			2		5	1
		5				7		
2	1		5			9		8
			4					9
				9	1			3
	8				7			5

No. 133 Moderate

				8	2	4		
	8							
	3	9			5			7
	7				6			3
	9	2				5	6	
5			9				2	
8			1			9	3	
							7	
		7	2	6				

No. 134 Moderate

	9		2	1			7	
8						1		
	7				6			5
			6		8	2		
3				7				4
		6	3		1			
7			4				2	
		8						3
	6			2	7		5	

No. 135 Moderate

1			5	6	2	9		
8		2		4	7			
	7							
	2		3					5
	1						6	
4					1		2	
							3	
			7	5		2		6
		8	2	3	9			4

No. 136 Moderate

				4				
1	8							
5		3			6		8	
		5	1			6		
		6	3	7	9	2		
		2			4	3		
	4		2			8		3
							2	1
				5				

No. 137 Moderate

9		3			6		4	
				9				
4	1	6	5					
	6				3		8	
2								7
	8		6				5	
					7	5	1	8
				3				
	7		1			3		6

No. 138 Moderate

		7	6			4		
5								2
			4	2		9		3
		5			2			
	3						9	
			7			8		
8		1		7	6			
4								8
		3			9	1		

No. 139 Moderate

		1		2				
						4	2	7
6			9					
	5		6			2	3	1
9			2		1			5
1	8	2			5		6	
					4			2
3	4	8						
				8		1		

No. 140 Moderate

		4	5	6			2	
			1					5
				2		4	3	
				4			8	
8		7				5		3
	9			7				
	8	6		5				
1					9			
	2			3	1	6		

No. 141 Moderate

				1			8	
		8		2	5		4	
5			7			6		1
						8		7
	7	9				1	3	
6		1						
8		3			2			9
	9		1	7		5		
	5			8				

No. 142 Moderate

					2	8		
6	8				7		3	
		5		8		9		
			7	2				9
	5		9		3		2	
9				4	8			
		4		5		6		
	9		4				7	5
		3	2					

No. 143 Moderate

2					5		4	
	9			1				
	6	5	8					1
6			3	9				
1		4				9		3
				5	2			6
3					1	5	6	
				2			1	
	4		5					7

No. 144 Moderate

						4	8	
		8		6			5	
		4	7		2	3		
6								
1	4		9		5		6	7
								1
		6	8		1	9		
	7			2		6		
	5	3						

No. 145 Moderate

	8			6				4
					4		8	
	3		7	2			6	
	4	7				6		3
	1						9	
9		6				8	4	
	9			7	6		1	
	6		9					
4				1			5	

No. 146 Moderate

					8		3	
	6		4			8	1	9
		1		3		7	6	
		8	2					
		7				4		
					7	5		
	3	2		8		1		
9	7	4			1		2	
	1		3					

No. 147 Moderate

	3				1			
5		2	9	3				
8		9			4	5		
		4						9
	6	5				3	1	
9						7		
		6	3			9		1
				1	7	6		5
			2				3	

No. 148 Moderate

		9	4		6			1
		6	1	7		2	9	
					2			
6	5							3
4								6
3							7	8
			8					
	6	7		1	9	3		
1			7		4	5		

No. 149 Moderate

			3			2		
2	1	8						
7			2				9	5
5				9	7			
	4						5	
			8	5				3
6	2				8			7
						6	3	9
		7			6			

No. 150 Moderate

					1		2	
			4			1	6	8
				8		3		
	2			4	9	5		6
		4				2		
9		6	7	5			3	
		7		9				
4	6	1			7			
	8		5					

No. 151 Moderate

2					9	3		
			2		5			8
				3				1
	4		5		3			9
5		8				1		3
6			7		1		4	
1				5				
3			9		2			
		6	3					7

No. 152 Moderate

							8	
		8				5		6
7	2	9						
8			1	4	9		6	
		4	6		3	8		
	3		8	7	5			9
						3	5	8
1		7				9		
	8							

No. 153 Moderate

9		7			2		1	
6						4	8	7
2				9	8		3	5
	1						9	
4	8		1	3				6
7	3	2						9
	9		6			2		8

No. 154 Moderate

2							1	
	3			6		8	9	
	4		1		7			
		8	3					9
3								8
9					1	5		
			4		8		7	
	9	6		3			8	
	7							2

No. 155 Moderate

		8	9	3				
	4							
5		2			6		8	
	5		7		3			2
9				5				1
7			2		9		6	
	8		3			2		5
							7	
				8	2	4		

No. 156 Moderate

					1	8		
			4		3			
2	1		5				3	6
			9		8	3	4	
	4						1	
	5	3	6		4			
1	8				5		6	7
			8		6			
		9	1					

No. 157 Moderate

					9			4
4			6			8		5
	9	8	7			6		
7						3		
2	3						6	8
		5						1
		4			5	1	8	
9		1			7			6
6			8					

No. 158 Moderate

	7	3		6		9		
9	4							
8			9	5				
7					9			
2	3						5	4
			4					6
				9	8			5
							2	8
		8		3		6	1	

No. 159 Moderate

6					3			
			4		1	2		
		2		8			4	
		5					7	3
7	3						8	9
9	4					6		
	2			6		5		
		3	2		8			
			9					4

No. 160 Moderate

	5		2	3				
		6			5		3	4
9	1				7			
		2			8			1
				2				
4			3			7		
			7				9	5
5	4		6			8		
				5	3		2	

No. 161 Moderate

				2			7	
	2					9		
			8	4			2	5
		3			5	7		1
	5			3			4	
1		9	4			2		
2	6			8	7			
		8					3	
	9			5				

No. 162 Moderate

	6	1		3	8			
		2		7	1			3
								9
4	5				2			8
	2						7	
1			4				5	2
5								
3			8	4		2		
			1	5		3	9	

No. 163 Moderate

3	8							4
			7				6	
			1	2			7	
6		5						9
			3		1			
1						7		5
	4			1	2			
	5				3			
9							4	7

No. 164 Moderate

	7			3				1
			1					3
			2			7		9
				6			5	8
		2	5		8	3		
4	8			2				
1		6			3			
8					1			
9				8			6	

No. 165 Moderate

				1		9		4
			4				8	
		5			9	2	7	
		8		9				7
4			1		7			9
1				6		3		
	5	1	9			7		
	9				3			
2		3		5				

No. 166 Moderate

8					7		2	
	2		9			3		
			5					6
				9		6		
7	1		4	2	6		3	9
		4		5				
9					1			
		1			5		9	
	4		6					2

No. 167 Moderate

	4		2	9				
7								
3		6					7	4
					5	3		
1			8		9			2
		5	7					
2	8					7		5
								3
				7	4		9	

No. 168 Moderate

1	9						4	2
				9	8		7	
	7		1			8		
		7				4		
	1		2		3		9	
		9				1		
		5			1		8	
	6		9	3				
9	3						1	6

No. 169 Hard

1							6	
	2				4	5	8	
			3		9	4		
8		7		9				
			8	3	5			
				4		6		8
		8	7		2			
	5	2	4				1	
	3							4

No. 170 Hard

		4				9	8	
5				2				
					7	3		
	8			4	6			
4	6			1			9	2
			2	5			4	
		8	1					
				7				9
	3	2				4		

No. 171 Hard

9					6	1		
					4		2	
	3			1				
		9			8	2		
3	8			9			1	4
		4	7			8		
				4			9	
	5		6					
		7	1					5

No. 172 Hard

5					3		4	
			8			7		
	6	3		5	7			1
2	4	8						
						1	7	9
9			5	4		3	8	
		4			9			
	2		7					4

No. 173 Hard

					6		1	
				4		2	5	
		5	7		9			
9						5		7
	5		4		7		6	
4		1						2
			2		1	3		
	1	6		8				
	8		9					

No. 174 Hard

		3			2			8
	5							4
9			3	8	7			6
			6					
		6	8	9	5	3		
					4			
3			7	6	9			1
1							9	
2			5			4		

No. 175 Hard

5	8			4		1		
	4				1			
		2	7	8				
2					3		9	
7				1				4
	9		5					2
				5	6	9		
			8				5	
		3		9			6	8

No. 176 Hard

			7		6		5	2
						3		
	3			5			9	1
	8	4			2			5
6			1			8	7	
2	5			8			3	
		8						
3	7		5		9			

No. 177 Hard

	4							
	3			6	1	4		
		1	8			2		
1		8			3			
	2	4				3	6	
			2			8		9
		6			2	9		
		3	5	1			8	
							5	

No. 178 Hard

9	3				2			
		7		5		2		
		6					8	4
		9			3			
	5			4			2	
			7			4		
7	6					3		
		3		2		8		
			9				6	5

No. 179 Hard

		2	6		9		7	
6						2		
3				8	1		9	
					3		4	
7								5
	6		5					
	5		4	3				1
		6						7
	8		9		2	4		

No. 180 Hard

			4		3	1		
		5					4	
7					6			
8	5				9	3		2
		6				8		
9		1	8				5	7
			6					5
	1					2		
		8	3		5			

No. 181 Hard

	2							
	6				1		7	
			6		5	8		
9	8	6			2	3		
		2		1		7		
		7	4			6	2	9
		5	3		7			
	9		2				8	
							6	

No. 182 Hard

			4	8				
		8	3	9		5		
	5				2			
6	3					8		
8	1			3			2	7
		4					9	6
			5				1	
		3		1	7	6		
				4	3			

No. 183 Hard

		2	5		4	7		
					7			
			1	9				6
	2	4			3			9
		5				2		
9			8			6	5	
7				4	1			
			9					
		3	7		5	4		

No. 184 Hard

		3			2			
	4		8	6				
7	5							6
8	3	7						2
		1				3		
2						8	1	7
3							4	8
				5	7		3	
			9			6		

No. 185 Hard

			9	3		5		
	2		1					
4	5					7		
2					9		5	
9		7				4		2
	6		4					7
		8					6	1
					1		4	
		3		8	6			

No. 186 Hard

	3	2	5			1		6
6		9					5	
		3		9				8
2			3	7	8			9
9				4		2		
	4					6		2
5		6			1	9	8	

No. 187 Hard

				4			8	
2	3				1			
5			6		7			4
		8					1	
1		2				8		5
	9					3		
6			7		9			8
			3				5	6
	7			2				

No. 188 Hard

			5				7	
	7	1		6				2
		4		1	9			
	4			7				5
			1		4			
1				9			6	
			4	2		3		
4				3		7	9	
	6				8			

No. 189   Hard

	5		9				6	
9				6				
2					3	1		
		7						5
	4		8		1		3	
6					7			
		4	3					7
			8					2
	3				4		8	

No. 190 Hard

	4		6	1				8
				9				
		3				5		2
		8	3	2				7
	9						2	
7				4	8	3		
5		2				4		
				3				
4				6	1		7	

No. 191 Hard

	4	5					3	
	9			6	3			7
				9				
	5	1			2	4		
		7		5		6		
		3	8			7	1	
				2				
5			7	8			4	
	1					8	7	

No. 192 Hard

	2					5	3	
	9				8			6
	5				6	4		
3					1	2		
				6				
		8	2					4
		9	7				5	
6			1				4	
	1	7					9	

No. 193 Hard

		8		9		3		
							5	7
	1	3					9	
					5	2		
3			4		7			6
		1	6					
	2					7	4	
8	5							
		9		5		1		

No. 194 Hard

5				7		8		1
7			8		2	5		
							2	
		2		1			3	
4								9
	8			5		1		
	6							
		9	5		6			2
2		7		8				4

No. 195 Hard

		4				1	7	
		3	8					2
	6		1					3
				6	7			8
	5						9	
7			5	9				
2					6		3	
6					4	9		
	8	1				6		

No. 196 Hard

	7		5					
4		2		6	9			7
	1			3				
5	4					6		
8								4
		9					1	2
				9			7	
7			4	2		9		1
					3		2	

No. 197 Hard

2		4				3		
				6				7
	3	9	7				5	
8	4			7	2			
				3				
			4	9			8	1
	2				9	1	7	
4				1				
		1				5		2

No. 198 Hard

						7		4
2		3		7				1
	5			4	1			
		5					9	
			3	9	5			
	7					3		
			9	8			6	
9				5		4		3
6		1						

No. 199 Hard

3	7		5			2		
			4					
	4	5		7		1		
					3		1	2
				8				
5	1		6					
		1		6		5	7	
					4			
		6			5		3	8

No. 200 Hard

				6				
9	7	8						6
	6				3			
3	1		7			6		
		4	9	5	1	7		
		5			4		2	9
			3				7	
2						4	3	1
				2				

No. 201 Hard

			7					
	5		9			8	7	
7		8				4		
					2			6
		6	3	4	7	2		
3			8					
		1				7		2
	2	5			9		6	
					6			

No. 202 Hard

9		7		4				
		2	8					
1	3		5			9		
	1							7
		9	2		8	3		
4							6	
		5			7		2	1
					1	6		
				8		7		3

No. 203 Hard

6		7				5		
		3	1		7			
				5	4		1	
	8	1						5
			4		2			
4						1	7	
	3		7	9				
			8		6	7		
		6				9		1

No. 204 Hard

	9					6		
		3		8			2	
		2	3	9			5	1
5		9	1					
				7				
					5	2		7
4	1			5	7	3		
	3			4		1		
		6					8	

No. 205 Hard

			6					8
				5		9		7
	6		1		9		5	
2								6
		5		9		1		
8								5
	1		2		5		7	
4		7		6				
6					3			

No. 206

7			8				9	
		5		6			2	
	9				2	5		
			6					1
6		1		8		4		7
3					7			
		7	5				1	
	1			9		8		
	3				1			6

No. 207

Hard

	1	9	3	4				
	8					3		
		6				9		1
				1	2			6
	9						7	
6			7	8				
9		4				7		
		2					8	
				3	6	2	1	

No. 208

Hard

		8	6			2		
	3	1	7					
				4		8		9
2	9							6
				7				
3							9	8
8		3		1				
					6	9	4	
		9			3	1		

No. 209 Hard

	9	7	8					2
				3		7		1
4			5					
	6	5						
2				7				4
						5	3	
					4			5
5		6		2				
8					1	6	9	

No. 210 Hard

3				2				
5		6		1				
	7	2			5			1
					9		4	
	3			7			2	
	5		8					
8			1			5	9	
				4		6		2
				8				7

No. 211 Hard

7					5			6
	6		7		8			1
	3					9		
	5				7		9	
			4		9			
	2		1				3	
		2					1	
9			8		1		6	
6			9					5

No. 212 Hard

	1	4				9		
						1		2
			6	8			7	
9					2		5	
			7	9	6			
	2		3					8
	5			2	4			
1		8						
		2				6	4	

No. 213 Hard

		8				9		
9	1		2			4		
6				9	7			1
5		7					6	
				8				
	9					5		2
3			4	5				8
		5			1		7	3
		9				1		

No. 214 Hard

8				2		3		1
	3						6	8
				9			2	
					1		7	4
		6		7		2		
4	7		9					
	9			8				
1	5						4	
7		8		4				3

No. 215 Hard

4					5	1		
					4	8	9	7
		7		3				5
					8	5		
	1			4			7	
		5	7					
3				8		9		
5	9	4	2					
		2	3					1

No. 216 Hard

			8			2		
	4				5			1
8		5		1		4		
						8		2
	7						3	
9		4						
		2		9		7		5
3			5				6	
		7			6			

No. 217 Hard

		5			4	9		
			3				8	2
	3			9				7
2						6		
	7	1				4	9	
		3						1
3				7			5	
5	8				9			
		6	1			3		

No. 218 Hard

	4	7					8	
	2		6		4	9		
		1		5				
	7	2			3		5	
				1				
	1		2			7	6	
				8		4		
		8	9		7		1	
	3					8	9	

No. 219 Hard

2		9		7			3	
			4		3			
			6			9		1
4		2					7	
1								8
	7					1		5
3		8			6			
			2		5			
	4			8		7		2

No. 220 Hard

9	4	7					1	
	1		4			9		
				9				
6	7		3		2			
8								4
			5		4		8	2
				2				
		9			1		6	
	3					7	2	5

No. 221 Hard

4						2		5
	1		6					
				9			7	4
		3	5					
	8	5		4		9	6	
					7	8		
9	4			5				
					8		4	
8		6						2

No. 222 Hard

5				2				
2			7		9			
4		8						
3		2	8				7	
9	1						8	4
	8				6	5		2
						4		6
			5		2			8
				7				5

No. 223 Hard

	6	5						
4	9			5	8			
2						5	9	
			8	4	9			
	4			1			2	
			5	3	2			
	8	3						1
			1	9			3	4
						9	5	

No. 224 Hard

			4		2			3
		3				9		
9	2		6			8		
		7			9	2	3	
				3				
	8	9	2			1		
		1			5		8	9
		8				6		
6			1		8			

No. 225 Hard

9	8			2				5
		2			6		8	
			1					
	3				7			4
4				5				8
1			8				7	
					2			
	5		6			3		
2				4			1	9

No. 226 Hard

		2			3			
	6	8			1			
5	7				4			9
						5		
7	2		5	6	8		1	3
		4						
2			8				6	7
			2			9	5	
			4			8		

No. 227 Hard

						3	7	
		4			3		6	
9				2		5		8
	2			3		7		
8								1
		1		7			2	
4		2		8				3
	5		4			6		
	7	8						

No. 228 Hard

8	5			7		1	2	
								5
				1	6			3
			4			9		
5		3				4		2
		2			3			
4			1	3				
2								
	3	7		4			8	1

No. 229 Hard

4					9			7
	2	9						
		1	2				5	
2			8			5	4	
				1				
	9	7			4			6
	6				3	8		
						6	2	
7			1					5

No. 230 Hard

		7				6		
				7	5			1
2		5					7	9
	8			6	1			
	3						2	
			8	5			1	
8	9					1		5
7			1	8				
		6				3		

No. 231 Hard

			3				1	2
		4		9			7	
1							8	
					6		9	
	1		8	3	9		2	
	7		5					
	8							3
	5			1		8		
9	2				5			

No. 232 Hard

		8	4				7	9
6			5					
	2	7		3				
	5				7			1
	8						3	
9			3				4	
				6		1	8	
					3			2
3	9				2	6		

No. 233 Hard

			4	9	2	3		5
6				1		8		2
		1	6			5		
	3						2	
		8			9	7		
7		5		8				9
8		6	2	7	1			

No. 234 Hard

		3						
		5		8			4	
7		8			2	6	3	
1			4	3				9
2				5	1			8
	7	6	3			2		5
	9			6		3		
						7		

No. 235 Hard

				8		6		
			6					4
					1	9	5	2
7	8				2		6	
	5			3			7	
	6		8				4	1
6	9	7	1					
2					7			
		5		6				

No. 236 Hard

2		5		8	4			1
						8	9	
			1					
6			2	1				5
4				5	3			7
					6			
	8	3						
7			4	3		5		2

No. 237 Hard

			9			7	3	
1							4	
	4	3		1	8			
4		2		8				
	5						9	
				5		8		3
			8	2		5	1	
	9							4
	6	1			3			

No. 238 Hard

	4			5	2	3		
7			8					
		2		7				
		8					7	
1	3		7		6		9	8
	5					4		
				4		8		
					3			2
		6	5	9			4	

No. 239 Hard

		3		9		5		
2			3			9		
					8		1	
	8		6		4			3
	2						5	
7			1		2		9	
	7		2					
		2			6			4
		6		8		2		

No. 240 Hard

		9	7			8		6
1		3					9	
	2				1			
				9		2		
	4						6	
		5		8				
			5				2	
	8					6		3
3		6			2	9		

No. 241 Hard

				9		4		
2							5	1
			5		1	3		2
					7		3	
5		6		4		9		7
	7		9					
7		2	6		5			
3	6							8
		5		1				

No. 242 Hard

				3			8	
1			6				2	
6					8	9		5
	4							
	7		3	8	1		6	
							5	
3		7	9					8
	2				5			7
	6			4				

No. 243 Hard

			6			5		1
		4					6	2
	5		8					
						3		4
	1		3		7		2	
6		3						
					9		7	
2	3					8		
4		7			1			

No. 244 Hard

		9	2				5	6
	8	2	3					
					7	4		
8					6			
	7						3	
			9					5
		4	6					
					5	2	1	
2	3				8	5		

No. 245 Hard

			9				1	
1	9						4	5
5			7		8			
3		6						8
				2				
7						3		9
			4		1			2
8	7						9	6
	5				6			

No. 246 Hard

				8			5	4
		4	1				9	
			7			3		
	2		8				4	
	7		6	9	5		3	
	5				3		1	
		2			7			
	1				8	2		
3	4			2				

No. 247 Hard

				3	6		1	
	6	4	7				2	
						5		
		2			8	9		
4		6		7		2		1
		1	4			6		
		3						
	8				7	3	5	
	2		9	4				

No. 248 Hard

	8		4	2				
		7					8	3
1		9		3	8			
7						8		
			2	9	4			
		6						2
			3	8		7		9
9	5					6		
				1	6		5	

No. 249

Hard

6			8			7		2
3				6			4	
		7	5					
5		1		8				
9								3
				5		4		8
					7	1		
	7			3				9
1		3			5			7

No. 250 Hard

					6	8		4
9	4		5			7		
		6				5		1
		2			8			9
7			9			2		
2		3				4		
		9			7		6	3
4		1	8					

Solutions

Puzzle 1

9	2	1	6	7	8	5	3	4
8	4	3	9	2	5	1	6	7
6	7	5	4	3	1	2	8	9
4	9	7	3	6	2	8	5	1
3	8	6	5	1	9	7	4	2
5	1	2	8	4	7	3	9	6
2	5	8	1	9	4	6	7	3
7	3	4	2	5	6	9	1	8
1	6	9	7	8	3	4	2	5

Puzzle 2

6	1	7	8	5	2	9	4	3
5	4	2	9	1	3	6	8	7
3	8	9	7	4	6	2	5	1
1	2	8	3	9	5	4	7	6
9	5	3	6	7	4	8	1	2
4	7	6	1	2	8	5	3	9
7	9	4	5	6	1	3	2	8
8	6	5	2	3	7	1	9	4
2	3	1	4	8	9	7	6	5

Puzzle 3

6	1	7	8	2	4	5	9	3
4	5	9	6	3	1	2	7	8
8	2	3	9	7	5	1	4	6
5	7	1	4	8	6	3	2	9
2	6	4	3	9	7	8	5	1
3	9	8	5	1	2	4	6	7
7	4	5	1	6	3	9	8	2
1	8	2	7	4	9	6	3	5
9	3	6	2	5	8	7	1	4

Puzzle 4

8	4	2	1	7	5	3	6	9
7	1	3	9	6	8	4	2	5
5	6	9	4	2	3	7	1	8
2	7	4	8	1	9	6	5	3
9	3	1	6	5	7	2	8	4
6	8	5	3	4	2	1	9	7
4	9	8	2	3	1	5	7	6
1	5	6	7	8	4	9	3	2
3	2	7	5	9	6	8	4	1

Puzzle 5

9	8	7	6	3	5	2	1	4
6	2	5	1	4	9	7	8	3
1	4	3	8	2	7	9	6	5
3	5	1	9	7	6	4	2	8
7	9	8	2	1	4	3	5	6
2	6	4	3	5	8	1	7	9
5	1	9	4	6	2	8	3	7
8	7	2	5	9	3	6	4	1
4	3	6	7	8	1	5	9	2

Puzzle 6

8	2	6	1	4	7	3	5	9
1	7	3	6	5	9	8	4	2
5	4	9	2	8	3	1	7	6
3	8	4	9	2	6	7	1	5
2	9	7	3	1	5	4	6	8
6	5	1	8	7	4	9	2	3
7	3	5	4	9	2	6	8	1
9	1	2	7	6	8	5	3	4
4	6	8	5	3	1	2	9	7

Solutions

Puzzle 7

8	4	1	7	6	5	9	3	2
3	5	7	8	2	9	6	4	1
2	6	9	3	1	4	7	8	5
6	7	4	2	8	1	5	9	3
9	2	3	5	7	6	8	1	4
1	8	5	4	9	3	2	6	7
4	3	8	6	5	7	1	2	9
7	9	2	1	4	8	3	5	6
5	1	6	9	3	2	4	7	8

Puzzle 8

6	2	3	9	5	1	8	7	4
5	9	8	2	7	4	3	1	6
1	7	4	8	6	3	9	2	5
3	8	9	5	2	7	4	6	1
2	4	1	6	3	9	7	5	8
7	5	6	1	4	8	2	3	9
8	6	5	3	9	2	1	4	7
4	1	2	7	8	6	5	9	3
9	3	7	4	1	5	6	8	2

Puzzle 9

9	5	7	8	3	1	6	4	2
3	1	4	6	2	9	8	7	5
6	2	8	5	4	7	1	9	3
1	7	6	9	5	4	2	3	8
5	8	9	2	1	3	7	6	4
2	4	3	7	6	8	9	5	1
7	9	2	4	8	5	3	1	6
8	3	5	1	9	6	4	2	7
4	6	1	3	7	2	5	8	9

Puzzle 10

4	9	5	2	6	7	3	8	1
3	6	2	9	1	8	7	4	5
8	1	7	4	5	3	2	9	6
5	2	6	3	4	1	9	7	8
9	3	8	6	7	5	1	2	4
1	7	4	8	2	9	5	6	3
2	5	1	7	8	4	6	3	9
7	4	9	1	3	6	8	5	2
6	8	3	5	9	2	4	1	7

Puzzle 11

6	3	9	2	1	4	5	8	7
8	1	4	5	7	9	6	3	2
7	2	5	8	3	6	4	9	1
2	4	1	9	8	7	3	6	5
5	9	7	3	6	1	8	2	4
3	6	8	4	2	5	1	7	9
1	7	2	6	5	3	9	4	8
9	5	3	7	4	8	2	1	6
4	8	6	1	9	2	7	5	3

Puzzle 12

9	3	6	7	5	1	2	8	4
2	8	1	3	9	4	5	7	6
7	5	4	8	2	6	9	1	3
3	7	5	1	4	9	8	6	2
6	1	2	5	8	7	4	3	9
8	4	9	6	3	2	1	5	7
4	6	7	9	1	5	3	2	8
5	2	8	4	7	3	6	9	1
1	9	3	2	6	8	7	4	5

Solutions

Puzzle 13

9	4	1	2	8	3	6	7	5
6	7	8	9	4	5	2	1	3
3	5	2	6	7	1	9	8	4
4	9	6	3	5	7	8	2	1
2	8	3	1	9	6	4	5	7
7	1	5	8	2	4	3	9	6
5	2	4	7	6	8	1	3	9
1	6	9	5	3	2	7	4	8
8	3	7	4	1	9	5	6	2

Puzzle 14

3	7	5	6	1	4	2	8	9
1	4	6	8	2	9	5	7	3
9	8	2	5	7	3	1	6	4
4	1	8	2	9	7	3	5	6
5	2	7	4	3	6	9	1	8
6	9	3	1	5	8	4	2	7
8	3	1	7	4	5	6	9	2
7	5	4	9	6	2	8	3	1
2	6	9	3	8	1	7	4	5

Puzzle 15

2	1	5	6	3	9	7	4	8
4	3	6	5	7	8	9	2	1
7	8	9	1	4	2	6	5	3
5	2	7	4	8	3	1	6	9
3	4	1	2	9	6	8	7	5
6	9	8	7	1	5	4	3	2
1	7	2	8	5	4	3	9	6
9	5	4	3	6	1	2	8	7
8	6	3	9	2	7	5	1	4

Puzzle 16

3	4	2	1	8	6	7	9	5
5	7	6	4	9	3	1	2	8
1	8	9	5	7	2	6	3	4
6	9	7	8	2	1	4	5	3
8	1	3	9	4	5	2	7	6
2	5	4	6	3	7	9	8	1
9	6	1	7	5	8	3	4	2
4	3	8	2	1	9	5	6	7
7	2	5	3	6	4	8	1	9

Puzzle 17

1	9	7	5	2	4	8	3	6
8	5	3	6	7	9	4	1	2
2	4	6	8	3	1	5	7	9
3	1	9	2	4	8	6	5	7
6	8	5	3	1	7	9	2	4
7	2	4	9	6	5	1	8	3
4	7	2	1	5	6	3	9	8
9	6	1	7	8	3	2	4	5
5	3	8	4	9	2	7	6	1

Puzzle 18

6	9	8	4	2	7	1	5	3
5	2	1	9	3	8	4	7	6
3	4	7	1	6	5	2	8	9
2	7	4	3	5	9	6	1	8
9	6	3	8	1	4	5	2	7
8	1	5	6	7	2	3	9	4
7	3	2	5	9	6	8	4	1
4	5	6	7	8	1	9	3	2
1	8	9	2	4	3	7	6	5

Solutions

Puzzle 19

7	3	9	2	5	4	1	6	8
1	2	4	8	6	9	3	5	7
5	8	6	1	7	3	4	2	9
8	7	2	5	1	6	9	4	3
4	6	5	9	3	7	2	8	1
9	1	3	4	8	2	6	7	5
2	5	8	6	9	1	7	3	4
3	4	1	7	2	8	5	9	6
6	9	7	3	4	5	8	1	2

Puzzle 20

1	4	8	6	9	2	3	5	7
6	3	5	7	1	4	8	2	9
7	2	9	5	3	8	6	4	1
8	1	4	3	2	7	9	6	5
9	7	2	4	6	5	1	3	8
5	6	3	9	8	1	4	7	2
2	5	6	8	4	9	7	1	3
4	8	7	1	5	3	2	9	6
3	9	1	2	7	6	5	8	4

Puzzle 21

9	3	8	2	7	4	5	6	1
5	6	4	9	1	3	7	2	8
2	7	1	5	8	6	9	4	3
8	9	5	1	2	7	6	3	4
3	2	7	4	6	8	1	5	9
4	1	6	3	5	9	8	7	2
6	4	9	7	3	1	2	8	5
7	5	3	8	9	2	4	1	6
1	8	2	6	4	5	3	9	7

Puzzle 22

9	2	4	6	7	5	8	1	3
3	5	8	4	1	9	7	6	2
6	1	7	2	3	8	5	4	9
2	7	9	1	5	3	4	8	6
5	4	6	7	8	2	3	9	1
8	3	1	9	4	6	2	7	5
4	9	2	3	6	7	1	5	8
1	6	5	8	2	4	9	3	7
7	8	3	5	9	1	6	2	4

Puzzle 23

9	8	7	6	2	3	4	5	1
6	1	2	4	5	7	8	3	9
4	3	5	8	9	1	2	7	6
2	5	8	3	4	9	6	1	7
3	6	1	5	7	8	9	4	2
7	9	4	1	6	2	5	8	3
5	4	9	7	1	6	3	2	8
8	7	6	2	3	4	1	9	5
1	2	3	9	8	5	7	6	4

Puzzle 24

7	4	8	3	2	5	1	6	9
3	5	6	7	1	9	2	4	8
9	2	1	8	6	4	7	5	3
5	1	3	9	7	2	6	8	4
2	6	7	5	4	8	9	3	1
8	9	4	1	3	6	5	2	7
4	3	9	2	5	7	8	1	6
6	7	2	4	8	1	3	9	5
1	8	5	6	9	3	4	7	2

Solutions

Puzzle 25

5	4	7	9	8	2	6	3	1
9	3	8	6	1	5	2	7	4
1	6	2	7	3	4	9	5	8
2	9	4	3	5	1	7	8	6
3	7	5	8	9	6	4	1	2
6	8	1	4	2	7	5	9	3
8	2	9	5	6	3	1	4	7
7	5	6	1	4	8	3	2	9
4	1	3	2	7	9	8	6	5

Puzzle 26

3	4	7	1	6	2	8	5	9
6	5	9	7	4	8	2	3	1
1	2	8	9	5	3	4	6	7
2	9	5	6	7	4	1	8	3
4	1	6	8	3	9	7	2	5
7	8	3	5	2	1	9	4	6
9	3	1	4	8	6	5	7	2
5	6	4	2	9	7	3	1	8
8	7	2	3	1	5	6	9	4

Puzzle 27

7	6	5	8	2	3	9	4	1
8	1	9	7	5	4	6	2	3
2	4	3	6	9	1	7	8	5
1	8	4	9	6	5	2	3	7
9	5	7	1	3	2	8	6	4
6	3	2	4	7	8	1	5	9
3	9	8	5	1	6	4	7	2
4	2	1	3	8	7	5	9	6
5	7	6	2	4	9	3	1	8

Puzzle 28

7	4	6	1	8	5	3	9	2
2	8	9	3	7	6	1	5	4
5	1	3	9	2	4	6	7	8
4	6	8	7	3	2	9	1	5
1	3	5	8	6	9	2	4	7
9	2	7	5	4	1	8	3	6
6	9	1	2	5	7	4	8	3
3	7	4	6	1	8	5	2	9
8	5	2	4	9	3	7	6	1

Puzzle 29

2	3	5	8	1	9	7	4	6
4	6	1	2	5	7	3	9	8
7	9	8	4	6	3	2	5	1
5	7	4	1	3	8	9	6	2
6	8	9	5	7	2	4	1	3
3	1	2	6	9	4	8	7	5
8	5	7	9	2	6	1	3	4
1	2	3	7	4	5	6	8	9
9	4	6	3	8	1	5	2	7

Puzzle 30

2	9	6	4	3	7	5	8	1
8	7	3	1	9	5	2	6	4
4	1	5	6	8	2	9	7	3
6	5	9	7	1	4	8	3	2
7	4	8	9	2	3	6	1	5
3	2	1	8	5	6	7	4	9
1	6	7	2	4	9	3	5	8
9	3	4	5	6	8	1	2	7
5	8	2	3	7	1	4	9	6

Solutions

Puzzle 31

8	4	2	9	7	6	3	5	1
7	3	6	1	4	5	2	9	8
5	9	1	8	3	2	6	4	7
9	5	4	7	6	1	8	2	3
3	1	7	4	2	8	9	6	5
6	2	8	3	5	9	7	1	4
2	7	3	6	1	4	5	8	9
4	8	5	2	9	3	1	7	6
1	6	9	5	8	7	4	3	2

Puzzle 32

2	4	1	7	8	6	5	3	9
9	7	8	3	1	5	4	2	6
6	5	3	4	2	9	1	7	8
3	9	4	6	7	8	2	5	1
5	2	6	1	9	4	7	8	3
8	1	7	5	3	2	6	9	4
1	3	2	8	4	7	9	6	5
4	6	9	2	5	3	8	1	7
7	8	5	9	6	1	3	4	2

Puzzle 33

3	6	5	4	7	2	9	8	1
9	1	7	5	6	8	4	2	3
4	8	2	3	1	9	6	7	5
6	7	4	2	3	5	1	9	8
5	3	9	7	8	1	2	6	4
8	2	1	9	4	6	5	3	7
7	5	6	8	2	4	3	1	9
1	9	8	6	5	3	7	4	2
2	4	3	1	9	7	8	5	6

Puzzle 34

3	4	8	7	9	2	1	6	5
1	2	7	5	6	4	8	3	9
6	5	9	8	1	3	7	4	2
5	7	3	2	4	1	9	8	6
2	8	1	6	5	9	3	7	4
4	9	6	3	7	8	5	2	1
8	6	4	9	3	5	2	1	7
7	3	5	1	2	6	4	9	8
9	1	2	4	8	7	6	5	3

Puzzle 35

9	3	5	6	7	8	2	1	4
2	1	6	5	4	3	9	8	7
4	7	8	1	2	9	3	6	5
1	9	4	2	6	7	5	3	8
7	8	2	3	9	5	6	4	1
6	5	3	8	1	4	7	9	2
5	4	7	9	3	1	8	2	6
3	6	1	7	8	2	4	5	9
8	2	9	4	5	6	1	7	3

Puzzle 36

1	5	3	4	8	7	6	9	2
4	7	6	2	5	9	3	8	1
9	8	2	1	6	3	4	7	5
3	2	9	7	4	5	1	6	8
8	1	7	6	9	2	5	4	3
5	6	4	8	3	1	9	2	7
2	9	5	3	7	6	8	1	4
6	4	1	5	2	8	7	3	9
7	3	8	9	1	4	2	5	6

Solutions

Puzzle 37

6	9	7	8	3	1	4	5	2
5	2	1	4	9	6	7	8	3
8	3	4	7	5	2	1	9	6
1	5	6	9	8	7	2	3	4
2	8	9	3	1	4	6	7	5
4	7	3	2	6	5	9	1	8
3	6	2	5	7	9	8	4	1
7	1	5	6	4	8	3	2	9
9	4	8	1	2	3	5	6	7

Puzzle 38

3	5	8	6	7	2	4	1	9
1	7	6	8	9	4	2	3	5
9	2	4	1	5	3	6	8	7
5	4	2	9	8	6	3	7	1
6	1	3	7	2	5	9	4	8
7	8	9	4	3	1	5	2	6
2	9	5	3	1	8	7	6	4
4	3	1	5	6	7	8	9	2
8	6	7	2	4	9	1	5	3

Puzzle 39

9	6	1	5	3	7	2	4	8
2	5	7	6	4	8	3	1	9
4	3	8	9	2	1	7	6	5
6	4	5	7	8	3	1	9	2
7	2	9	4	1	6	8	5	3
8	1	3	2	5	9	6	7	4
1	9	2	3	7	4	5	8	6
3	7	4	8	6	5	9	2	1
5	8	6	1	9	2	4	3	7

Puzzle 40

7	6	4	3	2	5	8	9	1
8	3	2	1	4	9	7	5	6
5	9	1	7	8	6	4	2	3
1	5	7	9	6	2	3	4	8
9	8	6	4	3	1	5	7	2
4	2	3	5	7	8	6	1	9
2	4	8	6	1	7	9	3	5
3	1	9	8	5	4	2	6	7
6	7	5	2	9	3	1	8	4

Puzzle 41

4	2	5	3	9	7	1	6	8
1	9	3	6	4	8	7	5	2
6	8	7	1	5	2	4	9	3
5	6	1	8	2	9	3	4	7
3	4	8	5	7	1	9	2	6
9	7	2	4	6	3	8	1	5
7	1	6	2	3	4	5	8	9
2	3	4	9	8	5	6	7	1
8	5	9	7	1	6	2	3	4

Puzzle 42

6	7	9	5	2	4	1	8	3
4	1	5	3	7	8	2	6	9
8	2	3	6	1	9	5	7	4
9	8	2	4	6	5	3	1	7
7	6	4	8	3	1	9	5	2
3	5	1	7	9	2	8	4	6
5	9	7	2	8	6	4	3	1
2	3	8	1	4	7	6	9	5
1	4	6	9	5	3	7	2	8

Solutions

Puzzle 43

4	2	8	5	7	9	3	6	1
3	9	5	4	1	6	8	2	7
7	6	1	3	2	8	4	9	5
6	5	3	8	9	4	1	7	2
8	4	2	1	6	7	5	3	9
9	1	7	2	5	3	6	4	8
1	8	6	9	4	2	7	5	3
5	7	9	6	3	1	2	8	4
2	3	4	7	8	5	9	1	6

Puzzle 44

1	9	3	2	7	4	8	6	5
7	2	5	6	8	9	3	4	1
4	6	8	3	1	5	9	2	7
9	5	6	7	4	8	2	1	3
3	1	7	9	5	2	4	8	6
8	4	2	1	6	3	7	5	9
6	8	4	5	9	7	1	3	2
2	7	1	8	3	6	5	9	4
5	3	9	4	2	1	6	7	8

Puzzle 45

9	6	5	2	8	4	1	3	7
7	4	1	5	9	3	2	6	8
3	2	8	7	1	6	5	4	9
6	5	4	9	2	8	3	7	1
2	7	9	3	6	1	8	5	4
8	1	3	4	5	7	9	2	6
4	9	7	1	3	2	6	8	5
5	8	2	6	4	9	7	1	3
1	3	6	8	7	5	4	9	2

Puzzle 46

2	1	8	5	3	6	4	7	9
6	7	4	8	9	1	2	5	3
3	9	5	7	4	2	1	8	6
7	6	3	2	5	8	9	1	4
4	2	1	9	6	7	8	3	5
5	8	9	4	1	3	7	6	2
1	5	7	6	2	9	3	4	8
8	4	2	3	7	5	6	9	1
9	3	6	1	8	4	5	2	7

Puzzle 47

5	4	1	7	6	2	9	3	8
2	7	8	3	9	1	5	6	4
6	3	9	5	4	8	2	1	7
8	5	6	4	1	9	7	2	3
3	9	2	6	7	5	8	4	1
4	1	7	8	2	3	6	5	9
1	6	3	9	5	7	4	8	2
7	8	5	2	3	4	1	9	6
9	2	4	1	8	6	3	7	5

Puzzle 48

1	6	4	7	2	5	9	3	8
8	7	9	4	6	3	2	5	1
3	2	5	9	8	1	7	4	6
2	4	7	6	1	8	5	9	3
6	1	3	5	7	9	8	2	4
9	5	8	3	4	2	1	6	7
7	3	2	1	9	6	4	8	5
5	9	1	8	3	4	6	7	2
4	8	6	2	5	7	3	1	9

Solutions

Puzzle 49

2	3	8	4	7	1	9	6	5
4	6	1	5	9	2	7	3	8
5	7	9	3	6	8	4	2	1
7	4	2	6	3	5	1	8	9
6	8	5	2	1	9	3	7	4
9	1	3	8	4	7	2	5	6
3	9	4	7	8	6	5	1	2
1	2	6	9	5	3	8	4	7
8	5	7	1	2	4	6	9	3

Puzzle 50

9	8	7	3	2	4	5	6	1
2	6	4	7	5	1	8	9	3
3	1	5	9	8	6	2	4	7
4	2	9	8	1	3	6	7	5
1	7	3	4	6	5	9	2	8
8	5	6	2	9	7	1	3	4
6	3	1	5	7	2	4	8	9
5	4	8	6	3	9	7	1	2
7	9	2	1	4	8	3	5	6

Puzzle 51

9	1	8	7	3	2	5	4	6
4	2	3	5	9	6	8	1	7
7	5	6	8	4	1	9	2	3
6	8	1	9	2	5	7	3	4
2	4	7	1	8	3	6	9	5
5	3	9	6	7	4	1	8	2
3	9	5	2	1	7	4	6	8
8	6	4	3	5	9	2	7	1
1	7	2	4	6	8	3	5	9

Puzzle 52

4	7	1	2	8	6	5	9	3
8	9	6	5	4	3	2	7	1
3	2	5	9	7	1	6	8	4
2	5	9	4	1	7	8	3	6
7	6	4	8	3	5	9	1	2
1	3	8	6	9	2	7	4	5
6	8	3	7	5	4	1	2	9
9	1	2	3	6	8	4	5	7
5	4	7	1	2	9	3	6	8

Puzzle 53

5	9	4	2	1	6	8	7	3
7	1	3	8	4	5	9	2	6
6	2	8	7	9	3	1	5	4
8	4	1	6	5	7	3	9	2
3	7	9	4	8	2	6	1	5
2	6	5	9	3	1	4	8	7
9	8	6	5	7	4	2	3	1
1	5	2	3	6	9	7	4	8
4	3	7	1	2	8	5	6	9

Puzzle 54

9	5	2	7	1	8	3	4	6
3	7	1	9	4	6	8	2	5
4	6	8	3	2	5	7	1	9
7	4	6	2	9	1	5	8	3
1	2	9	8	5	3	6	7	4
8	3	5	6	7	4	2	9	1
2	9	4	5	3	7	1	6	8
6	1	3	4	8	2	9	5	7
5	8	7	1	6	9	4	3	2

Solutions

Puzzle 55

1	5	3	9	8	4	7	6	2
8	4	2	6	1	7	3	5	9
9	7	6	2	5	3	1	8	4
7	9	8	5	4	1	2	3	6
6	1	4	7	3	2	5	9	8
3	2	5	8	6	9	4	7	1
4	6	1	3	7	8	9	2	5
5	3	9	1	2	6	8	4	7
2	8	7	4	9	5	6	1	3

Puzzle 56

7	4	6	3	5	8	9	2	1
3	8	2	1	9	4	6	5	7
9	5	1	7	6	2	8	3	4
1	6	8	4	3	5	2	7	9
4	9	3	2	7	6	5	1	8
5	2	7	8	1	9	4	6	3
6	1	9	5	4	3	7	8	2
8	3	5	9	2	7	1	4	6
2	7	4	6	8	1	3	9	5

Puzzle 57

8	3	4	7	6	1	9	2	5
5	2	6	9	3	8	4	1	7
1	9	7	2	4	5	3	8	6
2	6	1	8	9	7	5	3	4
4	7	3	1	5	6	2	9	8
9	5	8	4	2	3	7	6	1
3	8	9	6	7	4	1	5	2
6	4	2	5	1	9	8	7	3
7	1	5	3	8	2	6	4	9

Puzzle 58

8	2	3	4	7	1	9	5	6
9	6	7	2	3	5	1	4	8
1	4	5	9	6	8	7	2	3
3	8	1	7	5	2	6	9	4
4	5	9	1	8	6	3	7	2
6	7	2	3	4	9	8	1	5
7	3	6	5	1	4	2	8	9
5	9	8	6	2	7	4	3	1
2	1	4	8	9	3	5	6	7

Puzzle 59

7	3	9	1	6	2	4	8	5
6	8	1	3	5	4	2	7	9
5	2	4	7	9	8	6	1	3
8	9	5	6	2	7	1	3	4
1	7	2	4	3	9	8	5	6
3	4	6	8	1	5	7	9	2
4	1	3	5	7	6	9	2	8
9	6	7	2	8	3	5	4	1
2	5	8	9	4	1	3	6	7

Puzzle 60

6	3	2	1	4	8	5	7	9
1	8	5	6	7	9	4	2	3
9	4	7	3	5	2	1	8	6
7	1	8	4	6	3	2	9	5
5	2	4	8	9	1	3	6	7
3	9	6	5	2	7	8	1	4
8	6	1	7	3	4	9	5	2
4	7	9	2	8	5	6	3	1
2	5	3	9	1	6	7	4	8

Solutions

Puzzle 61

5	7	1	9	4	2	8	6	3
2	4	3	1	6	8	7	9	5
6	9	8	7	3	5	1	4	2
1	5	6	2	8	9	4	3	7
4	3	7	6	5	1	9	2	8
8	2	9	4	7	3	6	5	1
9	1	4	5	2	7	3	8	6
3	6	2	8	1	4	5	7	9
7	8	5	3	9	6	2	1	4

Puzzle 62

7	5	8	3	9	6	4	2	1
4	6	2	1	5	7	9	3	8
3	9	1	8	2	4	6	7	5
2	3	9	5	1	8	7	4	6
6	4	5	2	7	9	8	1	3
8	1	7	6	4	3	2	5	9
9	7	3	4	6	5	1	8	2
1	8	4	9	3	2	5	6	7
5	2	6	7	8	1	3	9	4

Puzzle 63

3	8	2	7	9	5	1	4	6
9	6	5	3	4	1	2	7	8
4	1	7	2	8	6	5	3	9
1	5	9	6	2	7	4	8	3
6	3	8	4	1	9	7	5	2
7	2	4	8	5	3	9	6	1
2	4	6	9	7	8	3	1	5
5	9	3	1	6	4	8	2	7
8	7	1	5	3	2	6	9	4

Puzzle 64

7	9	3	4	8	5	1	6	2
8	5	4	6	2	1	7	9	3
1	6	2	7	9	3	4	5	8
3	2	7	9	5	8	6	1	4
5	4	6	1	7	2	3	8	9
9	8	1	3	4	6	5	2	7
4	7	5	8	1	9	2	3	6
6	1	9	2	3	7	8	4	5
2	3	8	5	6	4	9	7	1

Puzzle 65

5	7	3	9	2	6	1	4	8
2	9	6	8	4	1	3	5	7
1	4	8	5	7	3	9	6	2
8	2	5	3	1	9	6	7	4
4	6	1	2	5	7	8	9	3
9	3	7	6	8	4	5	2	1
6	8	9	4	3	2	7	1	5
3	1	4	7	6	5	2	8	9
7	5	2	1	9	8	4	3	6

Puzzle 66

5	6	2	8	9	1	7	4	3
4	7	9	2	6	3	1	8	5
1	3	8	4	5	7	2	9	6
2	5	3	9	1	6	8	7	4
9	1	6	7	8	4	3	5	2
7	8	4	5	3	2	6	1	9
8	4	7	3	2	9	5	6	1
3	9	1	6	7	5	4	2	8
6	2	5	1	4	8	9	3	7

Solutions

Puzzle 67

5	8	1	3	7	2	4	9	6
2	7	9	6	4	8	5	3	1
6	4	3	9	5	1	7	2	8
4	1	8	5	9	7	3	6	2
9	3	2	8	6	4	1	7	5
7	5	6	1	2	3	8	4	9
1	2	7	4	8	9	6	5	3
3	9	5	7	1	6	2	8	4
8	6	4	2	3	5	9	1	7

Puzzle 68

8	5	4	7	1	3	6	2	9
3	9	1	5	6	2	8	7	4
6	2	7	4	9	8	3	5	1
7	1	6	8	2	5	9	4	3
5	4	3	6	7	9	2	1	8
2	8	9	1	3	4	5	6	7
9	6	5	3	4	1	7	8	2
4	3	8	2	5	7	1	9	6
1	7	2	9	8	6	4	3	5

Puzzle 69

2	8	6	4	5	9	1	3	7
3	9	1	7	2	6	5	8	4
4	5	7	3	1	8	9	6	2
6	3	9	1	4	5	2	7	8
8	7	5	9	6	2	4	1	3
1	4	2	8	3	7	6	5	9
9	1	4	5	8	3	7	2	6
7	2	8	6	9	1	3	4	5
5	6	3	2	7	4	8	9	1

Puzzle 70

7	4	8	9	3	1	5	6	2
9	6	2	8	7	5	4	3	1
5	3	1	6	4	2	9	8	7
1	2	6	7	8	9	3	5	4
4	9	7	5	6	3	1	2	8
3	8	5	1	2	4	7	9	6
6	7	4	3	5	8	2	1	9
8	5	9	2	1	7	6	4	3
2	1	3	4	9	6	8	7	5

Puzzle 71

5	9	4	2	6	8	7	3	1
7	8	3	5	9	1	2	6	4
2	6	1	4	7	3	9	5	8
4	3	6	7	1	2	8	9	5
8	5	7	6	4	9	1	2	3
9	1	2	3	8	5	6	4	7
1	4	8	9	3	6	5	7	2
6	7	5	1	2	4	3	8	9
3	2	9	8	5	7	4	1	6

Puzzle 72

7	2	9	8	6	3	4	5	1
4	8	5	7	1	2	9	6	3
3	1	6	5	4	9	7	2	8
1	6	2	9	7	4	8	3	5
9	4	8	3	2	5	1	7	6
5	3	7	6	8	1	2	9	4
2	7	1	4	5	6	3	8	9
8	5	3	1	9	7	6	4	2
6	9	4	2	3	8	5	1	7

Solutions

Puzzle 73

5	8	1	3	2	7	6	9	4
7	2	6	4	9	5	8	1	3
4	3	9	6	8	1	5	2	7
6	7	4	1	5	3	2	8	9
3	1	8	2	6	9	4	7	5
9	5	2	7	4	8	1	3	6
2	4	3	8	7	6	9	5	1
1	6	5	9	3	2	7	4	8
8	9	7	5	1	4	3	6	2

Puzzle 74

1	6	7	4	2	5	8	9	3
4	8	5	6	3	9	7	1	2
2	3	9	1	7	8	4	5	6
5	9	2	7	8	6	3	4	1
6	1	4	2	5	3	9	8	7
8	7	3	9	1	4	6	2	5
3	5	6	8	9	1	2	7	4
9	2	1	3	4	7	5	6	8
7	4	8	5	6	2	1	3	9

Puzzle 75

9	8	2	7	6	4	5	3	1
1	6	4	5	3	9	8	2	7
5	7	3	2	8	1	9	6	4
7	1	8	6	4	5	3	9	2
3	9	6	8	2	7	4	1	5
2	4	5	9	1	3	7	8	6
4	2	9	1	5	8	6	7	3
8	5	1	3	7	6	2	4	9
6	3	7	4	9	2	1	5	8

Puzzle 76

3	8	2	6	5	1	9	4	7
4	1	6	9	7	8	2	3	5
5	9	7	3	2	4	8	1	6
9	6	5	2	3	7	4	8	1
1	4	3	8	9	5	6	7	2
7	2	8	4	1	6	5	9	3
8	3	1	5	6	9	7	2	4
2	5	9	7	4	3	1	6	8
6	7	4	1	8	2	3	5	9

Puzzle 77

6	8	1	9	4	7	5	3	2
9	7	2	1	5	3	6	4	8
5	4	3	6	2	8	1	7	9
1	6	5	7	9	4	2	8	3
8	9	4	3	1	2	7	5	6
3	2	7	5	8	6	4	9	1
2	5	9	8	7	1	3	6	4
7	1	6	4	3	9	8	2	5
4	3	8	2	6	5	9	1	7

Puzzle 78

5	4	9	7	3	6	1	8	2
6	3	7	2	1	8	4	9	5
2	1	8	9	5	4	3	7	6
7	2	3	5	6	9	8	1	4
1	8	6	4	7	3	2	5	9
9	5	4	1	8	2	7	6	3
3	6	2	8	9	7	5	4	1
4	7	1	6	2	5	9	3	8
8	9	5	3	4	1	6	2	7

Solutions

Puzzle 79

9	6	7	4	3	1	8	5	2
5	2	1	7	9	8	6	3	4
8	3	4	6	2	5	7	9	1
6	4	8	1	5	7	9	2	3
2	1	9	3	6	4	5	8	7
3	7	5	2	8	9	1	4	6
7	5	3	9	1	2	4	6	8
1	9	6	8	4	3	2	7	5
4	8	2	5	7	6	3	1	9

Puzzle 80

7	5	4	9	8	2	3	6	1
9	3	2	7	1	6	5	8	4
6	1	8	3	5	4	9	7	2
4	9	5	2	7	1	8	3	6
1	2	6	8	3	9	4	5	7
8	7	3	6	4	5	1	2	9
3	8	1	4	2	7	6	9	5
2	4	9	5	6	3	7	1	8
5	6	7	1	9	8	2	4	3

Puzzle 81

1	4	6	9	3	5	8	2	7
7	9	2	8	1	6	4	5	3
5	3	8	7	4	2	1	9	6
4	5	1	2	8	3	6	7	9
6	2	9	5	7	1	3	4	8
8	7	3	4	6	9	5	1	2
2	6	7	1	5	8	9	3	4
3	1	4	6	9	7	2	8	5
9	8	5	3	2	4	7	6	1

Puzzle 82

6	2	4	8	5	3	7	1	9
9	7	3	1	4	2	6	8	5
1	5	8	9	7	6	4	2	3
3	6	7	5	1	9	8	4	2
2	9	1	4	3	8	5	6	7
4	8	5	6	2	7	9	3	1
7	4	2	3	8	5	1	9	6
5	1	9	2	6	4	3	7	8
8	3	6	7	9	1	2	5	4

Puzzle 83

7	1	4	8	6	2	3	5	9
9	3	5	7	4	1	8	6	2
6	2	8	3	5	9	7	4	1
3	4	9	1	2	5	6	8	7
2	8	6	4	7	3	9	1	5
1	5	7	6	9	8	4	2	3
8	7	2	9	1	4	5	3	6
5	9	3	2	8	6	1	7	4
4	6	1	5	3	7	2	9	8

Puzzle 84

6	1	7	2	4	5	9	8	3
2	9	5	8	3	7	1	6	4
4	8	3	1	6	9	7	5	2
3	7	1	5	8	2	6	4	9
5	4	6	9	7	3	2	1	8
9	2	8	4	1	6	3	7	5
8	3	9	7	5	1	4	2	6
1	5	2	6	9	4	8	3	7
7	6	4	3	2	8	5	9	1

Solutions

Puzzle 85

6	4	3	9	8	7	5	2	1
9	1	8	6	2	5	4	7	3
5	7	2	4	3	1	6	9	8
1	8	6	5	7	9	3	4	2
4	2	9	1	6	3	8	5	7
7	3	5	8	4	2	9	1	6
3	6	7	2	5	4	1	8	9
8	9	4	7	1	6	2	3	5
2	5	1	3	9	8	7	6	4

Puzzle 86

6	1	4	3	9	2	5	8	7
5	2	3	8	6	7	1	9	4
7	8	9	5	1	4	6	2	3
9	5	8	4	7	6	2	3	1
1	4	2	9	5	3	8	7	6
3	7	6	1	2	8	9	4	5
8	3	5	2	4	1	7	6	9
4	6	1	7	8	9	3	5	2
2	9	7	6	3	5	4	1	8

Puzzle 87

9	3	4	6	1	7	8	2	5
1	6	5	2	8	9	3	7	4
7	2	8	5	4	3	9	6	1
8	7	6	9	3	5	1	4	2
2	9	3	4	6	1	7	5	8
4	5	1	7	2	8	6	9	3
3	4	9	8	7	2	5	1	6
6	1	7	3	5	4	2	8	9
5	8	2	1	9	6	4	3	7

Puzzle 88

8	6	1	3	2	9	7	5	4
4	2	5	6	8	7	1	9	3
7	9	3	5	4	1	8	2	6
2	7	8	9	3	5	6	4	1
1	5	9	4	7	6	2	3	8
6	3	4	8	1	2	5	7	9
9	1	2	7	6	4	3	8	5
5	8	7	1	9	3	4	6	2
3	4	6	2	5	8	9	1	7

Puzzle 89

4	8	5	6	2	9	1	3	7
6	3	2	4	1	7	8	9	5
1	9	7	5	8	3	2	6	4
2	7	8	9	3	5	6	4	1
9	6	3	1	4	2	7	5	8
5	1	4	8	7	6	3	2	9
3	5	1	7	6	4	9	8	2
7	4	6	2	9	8	5	1	3
8	2	9	3	5	1	4	7	6

Puzzle 90

6	4	7	1	3	2	9	8	5
8	3	1	4	9	5	2	7	6
5	2	9	6	8	7	1	3	4
3	5	8	2	4	6	7	9	1
7	6	4	9	1	8	3	5	2
1	9	2	5	7	3	6	4	8
2	1	3	7	5	4	8	6	9
4	8	6	3	2	9	5	1	7
9	7	5	8	6	1	4	2	3

Solutions

Puzzle 91

7	4	1	9	6	2	8	3	5
6	8	2	3	4	5	9	1	7
3	9	5	8	7	1	2	4	6
2	3	7	6	5	9	4	8	1
4	1	8	7	2	3	6	5	9
9	5	6	4	1	8	7	2	3
8	2	3	1	9	6	5	7	4
5	6	4	2	3	7	1	9	8
1	7	9	5	8	4	3	6	2

Puzzle 92

1	9	3	6	4	7	2	5	8
4	8	5	9	2	1	7	6	3
2	7	6	5	3	8	4	1	9
9	6	1	8	5	4	3	2	7
8	4	7	3	1	2	6	9	5
5	3	2	7	9	6	8	4	1
6	5	9	2	8	3	1	7	4
3	2	4	1	7	9	5	8	6
7	1	8	4	6	5	9	3	2

Puzzle 93

7	6	3	1	5	2	8	4	9
5	9	8	4	6	3	7	2	1
1	4	2	7	9	8	6	5	3
2	1	4	9	7	6	5	3	8
9	3	7	2	8	5	4	1	6
8	5	6	3	4	1	9	7	2
4	2	9	8	1	7	3	6	5
6	8	1	5	3	4	2	9	7
3	7	5	6	2	9	1	8	4

Puzzle 94

7	9	3	5	2	1	8	4	6
4	1	5	9	8	6	3	2	7
2	8	6	4	7	3	5	1	9
9	3	1	7	5	2	4	6	8
6	4	2	3	9	8	1	7	5
5	7	8	6	1	4	2	9	3
3	6	9	2	4	5	7	8	1
1	2	7	8	3	9	6	5	4
8	5	4	1	6	7	9	3	2

Puzzle 95

9	6	1	4	5	7	2	8	3
8	7	3	9	1	2	6	5	4
4	5	2	8	3	6	7	9	1
1	3	4	6	7	9	5	2	8
5	8	9	3	2	4	1	6	7
7	2	6	1	8	5	3	4	9
3	4	8	2	6	1	9	7	5
2	1	5	7	9	8	4	3	6
6	9	7	5	4	3	8	1	2

Puzzle 96

8	7	9	2	5	4	6	3	1
6	3	2	9	7	1	8	4	5
4	1	5	3	6	8	9	7	2
1	2	3	7	4	6	5	9	8
9	8	6	5	3	2	7	1	4
7	5	4	8	1	9	2	6	3
3	4	7	6	8	5	1	2	9
2	6	8	1	9	3	4	5	7
5	9	1	4	2	7	3	8	6

Solutions

Puzzle 97

6	1	8	5	2	7	9	4	3
9	2	7	3	4	8	1	5	6
5	4	3	9	1	6	8	7	2
4	7	5	6	3	1	2	8	9
1	8	2	4	5	9	6	3	7
3	9	6	8	7	2	4	1	5
8	3	9	1	6	5	7	2	4
7	5	1	2	9	4	3	6	8
2	6	4	7	8	3	5	9	1

Puzzle 98

8	6	1	3	7	4	9	5	2
5	3	2	8	6	9	7	4	1
9	7	4	5	1	2	8	3	6
6	8	5	1	2	3	4	9	7
4	2	7	6	9	5	3	1	8
3	1	9	4	8	7	2	6	5
7	4	6	2	3	1	5	8	9
2	5	8	9	4	6	1	7	3
1	9	3	7	5	8	6	2	4

Puzzle 99

7	5	8	6	3	2	9	4	1
2	6	1	9	4	8	5	7	3
9	4	3	7	5	1	2	6	8
8	3	6	1	2	7	4	9	5
4	1	9	5	8	6	3	2	7
5	7	2	3	9	4	1	8	6
6	8	4	2	1	3	7	5	9
1	9	7	4	6	5	8	3	2
3	2	5	8	7	9	6	1	4

Puzzle 100

7	9	6	2	4	1	5	3	8
3	5	8	9	6	7	4	1	2
1	4	2	3	8	5	6	7	9
8	7	4	5	2	6	1	9	3
9	2	1	4	3	8	7	6	5
5	6	3	1	7	9	8	2	4
2	3	5	7	1	4	9	8	6
6	1	9	8	5	2	3	4	7
4	8	7	6	9	3	2	5	1

Puzzle 101

9	6	2	4	5	8	3	1	7
5	1	8	6	3	7	4	2	9
7	4	3	2	9	1	5	6	8
3	8	7	9	1	6	2	5	4
2	9	1	8	4	5	6	7	3
4	5	6	3	7	2	9	8	1
1	7	9	5	6	3	8	4	2
6	2	4	1	8	9	7	3	5
8	3	5	7	2	4	1	9	6

Puzzle 102

6	4	5	8	9	7	2	3	1
1	8	7	2	3	4	6	5	9
9	3	2	5	6	1	7	4	8
4	7	1	3	8	6	9	2	5
5	9	8	7	4	2	3	1	6
2	6	3	9	1	5	8	7	4
3	1	4	6	2	9	5	8	7
8	5	9	1	7	3	4	6	2
7	2	6	4	5	8	1	9	3

Solutions

Puzzle 103

9	5	8	1	6	3	7	4	2
1	2	7	4	5	9	6	3	8
6	4	3	7	8	2	1	5	9
3	9	2	8	1	6	5	7	4
8	7	4	3	9	5	2	1	6
5	1	6	2	4	7	9	8	3
2	8	9	5	3	1	4	6	7
7	3	5	6	2	4	8	9	1
4	6	1	9	7	8	3	2	5

Puzzle 104

3	8	5	1	4	9	6	7	2
4	7	9	6	3	2	5	8	1
2	1	6	7	5	8	9	3	4
8	9	7	3	2	4	1	6	5
1	4	3	5	9	6	7	2	8
5	6	2	8	7	1	3	4	9
9	5	8	4	6	7	2	1	3
7	2	4	9	1	3	8	5	6
6	3	1	2	8	5	4	9	7

Puzzle 105

4	3	2	9	8	5	7	1	6
5	1	8	4	7	6	9	2	3
9	6	7	3	2	1	8	4	5
3	2	9	7	5	8	1	6	4
1	8	6	2	9	4	3	5	7
7	4	5	6	1	3	2	9	8
6	7	4	1	3	2	5	8	9
2	5	3	8	4	9	6	7	1
8	9	1	5	6	7	4	3	2

Puzzle 106

3	8	4	2	9	7	5	1	6
1	7	5	3	6	8	2	9	4
9	2	6	1	5	4	8	7	3
8	4	1	7	3	5	6	2	9
2	5	3	9	8	6	1	4	7
7	6	9	4	2	1	3	8	5
5	1	7	8	4	3	9	6	2
4	3	2	6	1	9	7	5	8
6	9	8	5	7	2	4	3	1

Puzzle 107

3	1	8	7	4	6	2	9	5
9	7	6	2	3	5	1	4	8
4	5	2	8	1	9	6	7	3
8	9	4	1	6	7	5	3	2
5	2	3	4	9	8	7	1	6
1	6	7	3	5	2	4	8	9
6	8	1	5	7	3	9	2	4
7	3	9	6	2	4	8	5	1
2	4	5	9	8	1	3	6	7

Puzzle 108

3	9	7	5	8	2	4	6	1
6	8	4	9	1	7	3	5	2
1	2	5	3	4	6	7	9	8
2	5	9	6	3	4	8	1	7
4	3	8	1	7	9	6	2	5
7	1	6	2	5	8	9	4	3
8	7	2	4	6	1	5	3	9
5	4	1	8	9	3	2	7	6
9	6	3	7	2	5	1	8	4

Solutions

Puzzle 109

5	9	2	3	6	8	7	1	4
1	3	6	4	7	9	8	5	2
7	8	4	5	2	1	6	9	3
8	2	1	7	5	6	3	4	9
9	7	3	1	8	4	5	2	6
6	4	5	9	3	2	1	8	7
2	1	8	6	4	3	9	7	5
4	6	7	8	9	5	2	3	1
3	5	9	2	1	7	4	6	8

Puzzle 110

6	4	2	8	7	3	5	1	9
3	8	5	6	9	1	4	2	7
9	1	7	4	2	5	3	6	8
1	2	3	7	8	9	6	5	4
8	7	4	3	5	6	1	9	2
5	9	6	2	1	4	7	8	3
7	3	9	1	6	8	2	4	5
2	5	1	9	4	7	8	3	6
4	6	8	5	3	2	9	7	1

Puzzle 111

3	2	6	7	4	8	1	5	9
7	4	5	1	3	9	8	2	6
1	8	9	6	5	2	4	7	3
6	9	7	2	1	3	5	8	4
5	3	2	8	9	4	6	1	7
8	1	4	5	7	6	9	3	2
4	5	3	9	2	1	7	6	8
2	7	8	4	6	5	3	9	1
9	6	1	3	8	7	2	4	5

Puzzle 112

3	9	1	8	5	6	2	7	4
8	2	5	7	4	3	1	6	9
7	4	6	1	9	2	3	8	5
2	5	4	9	3	7	6	1	8
6	3	7	4	1	8	9	5	2
9	1	8	2	6	5	7	4	3
4	7	3	6	8	9	5	2	1
5	8	2	3	7	1	4	9	6
1	6	9	5	2	4	8	3	7

Puzzle 113

1	8	3	9	4	5	2	6	7
2	6	5	8	1	7	4	9	3
7	4	9	2	6	3	5	8	1
8	3	1	7	2	9	6	4	5
5	2	4	6	8	1	7	3	9
9	7	6	5	3	4	8	1	2
4	5	7	1	9	8	3	2	6
6	9	8	3	5	2	1	7	4
3	1	2	4	7	6	9	5	8

Puzzle 114

9	1	3	4	7	5	2	6	8
2	7	4	6	8	1	5	3	9
5	6	8	9	3	2	1	7	4
6	8	5	1	9	4	7	2	3
3	4	1	8	2	7	9	5	6
7	9	2	3	5	6	4	8	1
1	5	6	2	4	8	3	9	7
4	2	9	7	6	3	8	1	5
8	3	7	5	1	9	6	4	2

Solutions

Puzzle 115

3	1	6	8	5	9	2	4	7
5	8	9	2	7	4	1	3	6
7	2	4	6	3	1	9	5	8
1	6	7	9	4	5	8	2	3
4	9	2	3	8	6	7	1	5
8	3	5	7	1	2	4	6	9
2	5	8	1	6	7	3	9	4
9	4	3	5	2	8	6	7	1
6	7	1	4	9	3	5	8	2

Puzzle 116

9	6	5	2	4	3	1	8	7
1	2	4	6	7	8	9	3	5
8	7	3	1	5	9	4	2	6
6	4	7	9	8	2	3	5	1
5	9	2	7	3	1	6	4	8
3	8	1	5	6	4	2	7	9
4	1	6	8	2	7	5	9	3
7	3	9	4	1	5	8	6	2
2	5	8	3	9	6	7	1	4

Puzzle 117

2	1	5	4	9	6	3	8	7
3	9	7	1	8	5	4	6	2
4	6	8	3	2	7	5	1	9
7	2	4	6	1	9	8	3	5
9	8	1	2	5	3	6	7	4
6	5	3	8	7	4	9	2	1
5	4	6	7	3	1	2	9	8
8	7	9	5	6	2	1	4	3
1	3	2	9	4	8	7	5	6

Puzzle 118

7	2	3	5	1	4	6	8	9
4	6	9	8	3	2	5	7	1
1	8	5	6	7	9	3	2	4
3	7	6	9	5	1	2	4	8
8	9	4	7	2	6	1	5	3
2	5	1	4	8	3	7	9	6
5	1	7	3	4	8	9	6	2
9	3	8	2	6	7	4	1	5
6	4	2	1	9	5	8	3	7

Puzzle 119

3	1	7	6	4	5	2	9	8
4	9	6	7	2	8	5	1	3
5	8	2	9	1	3	4	6	7
1	5	8	3	9	2	6	7	4
9	6	4	5	7	1	8	3	2
7	2	3	4	8	6	9	5	1
8	7	5	1	6	4	3	2	9
2	3	9	8	5	7	1	4	6
6	4	1	2	3	9	7	8	5

Puzzle 120

4	2	9	6	3	8	1	7	5
8	6	7	4	5	1	3	2	9
3	1	5	9	2	7	6	4	8
1	8	3	5	4	2	9	6	7
5	9	6	8	7	3	2	1	4
7	4	2	1	6	9	8	5	3
2	5	4	3	8	6	7	9	1
9	7	8	2	1	5	4	3	6
6	3	1	7	9	4	5	8	2

Puzzle 121

8	2	4	3	6	5	9	1	7
7	6	1	9	8	2	3	5	4
3	9	5	1	4	7	8	2	6
1	4	2	7	9	6	5	3	8
9	8	3	5	2	4	6	7	1
5	7	6	8	3	1	2	4	9
2	3	7	6	1	9	4	8	5
4	5	9	2	7	8	1	6	3
6	1	8	4	5	3	7	9	2

Puzzle 122

5	3	1	9	4	6	8	2	7
7	2	6	8	1	5	3	4	9
9	8	4	2	7	3	1	6	5
4	7	8	1	6	2	5	9	3
6	9	3	7	5	8	4	1	2
2	1	5	4	3	9	7	8	6
8	5	7	6	2	4	9	3	1
1	6	9	3	8	7	2	5	4
3	4	2	5	9	1	6	7	8

Solutions

Puzzle 123

6	9	2	8	7	4	1	5	3
4	3	8	1	5	6	9	7	2
5	7	1	2	9	3	4	8	6
9	6	5	3	2	8	7	1	4
2	4	7	9	6	1	5	3	8
1	8	3	7	4	5	2	6	9
3	5	9	4	8	7	6	2	1
8	2	6	5	1	9	3	4	7
7	1	4	6	3	2	8	9	5

Puzzle 124

4	9	7	5	3	2	8	6	1
8	5	2	1	6	9	4	7	3
3	1	6	4	8	7	5	9	2
1	6	3	7	9	8	2	4	5
7	8	4	2	5	6	1	3	9
9	2	5	3	4	1	6	8	7
6	7	1	8	2	3	9	5	4
5	3	9	6	1	4	7	2	8
2	4	8	9	7	5	3	1	6

Puzzle 125

2	9	7	8	3	5	6	4	1
1	8	5	2	6	4	7	9	3
3	4	6	9	7	1	8	5	2
9	1	4	7	8	2	5	3	6
6	7	8	4	5	3	1	2	9
5	3	2	6	1	9	4	8	7
8	2	1	5	9	6	3	7	4
4	5	3	1	2	7	9	6	8
7	6	9	3	4	8	2	1	5

Puzzle 126

4	1	7	9	8	2	5	3	6
2	6	9	3	7	5	4	8	1
5	3	8	4	6	1	9	7	2
7	8	3	5	1	9	6	2	4
9	4	2	8	3	6	1	5	7
1	5	6	7	2	4	3	9	8
3	2	1	6	9	7	8	4	5
6	9	4	2	5	8	7	1	3
8	7	5	1	4	3	2	6	9

Puzzle 127

2	7	3	5	6	1	4	8	9
4	1	9	3	2	8	5	6	7
5	6	8	9	4	7	1	2	3
9	3	4	8	7	2	6	1	5
8	2	1	6	5	3	7	9	4
7	5	6	1	9	4	2	3	8
1	4	7	2	8	9	3	5	6
3	8	5	4	1	6	9	7	2
6	9	2	7	3	5	8	4	1

Puzzle 128

2	9	3	4	5	6	7	8	1
5	7	8	2	1	3	4	9	6
1	4	6	9	7	8	3	2	5
6	3	9	1	4	7	8	5	2
7	1	2	8	9	5	6	4	3
4	8	5	6	3	2	1	7	9
8	2	7	3	6	9	5	1	4
9	6	1	5	8	4	2	3	7
3	5	4	7	2	1	9	6	8

Puzzle 129

6	4	8	1	5	9	3	2	7
1	7	2	8	3	4	9	5	6
5	3	9	2	7	6	4	8	1
2	6	7	9	1	5	8	4	3
4	9	3	7	6	8	2	1	5
8	5	1	3	4	2	7	6	9
9	1	6	4	8	7	5	3	2
3	2	4	5	9	1	6	7	8
7	8	5	6	2	3	1	9	4

Puzzle 130

4	7	3	9	1	6	8	2	5
6	5	8	3	2	7	9	4	1
2	9	1	4	5	8	6	7	3
1	8	9	5	3	4	2	6	7
7	2	5	8	6	9	1	3	4
3	4	6	2	7	1	5	9	8
8	6	4	1	9	3	7	5	2
9	1	2	7	4	5	3	8	6
5	3	7	6	8	2	4	1	9

Solutions

Puzzle 131

2	1	7	3	8	9	5	6	4
8	5	6	4	2	1	3	7	9
3	4	9	6	7	5	8	2	1
5	7	4	2	1	6	9	3	8
9	2	1	8	4	3	6	5	7
6	8	3	5	9	7	1	4	2
7	9	5	1	3	4	2	8	6
1	6	8	7	5	2	4	9	3
4	3	2	9	6	8	7	1	5

Puzzle 132

5	9	8	3	7	6	2	1	4
4	2	6	9	1	5	3	8	7
7	3	1	8	2	4	5	9	6
3	6	9	7	8	2	4	5	1
8	4	5	1	6	9	7	3	2
2	1	7	5	4	3	9	6	8
1	7	3	4	5	8	6	2	9
6	5	4	2	9	1	8	7	3
9	8	2	6	3	7	1	4	5

Puzzle 133

7	5	6	3	8	2	4	1	9
1	8	4	6	9	7	3	5	2
2	3	9	4	1	5	6	8	7
4	7	8	5	2	6	1	9	3
3	9	2	7	4	1	5	6	8
5	6	1	9	3	8	7	2	4
8	2	5	1	7	4	9	3	6
6	4	3	8	5	9	2	7	1
9	1	7	2	6	3	8	4	5

Puzzle 134

6	9	5	2	1	4	3	7	8
8	3	4	7	5	9	1	6	2
1	7	2	8	3	6	4	9	5
5	1	7	6	4	8	2	3	9
3	8	9	5	7	2	6	1	4
2	4	6	3	9	1	5	8	7
7	5	1	4	8	3	9	2	6
9	2	8	1	6	5	7	4	3
4	6	3	9	2	7	8	5	1

Puzzle 135

1	3	4	5	6	2	9	8	7
8	6	2	9	4	7	3	5	1
5	7	9	1	8	3	6	4	2
9	2	6	3	7	4	8	1	5
7	1	3	8	2	5	4	6	9
4	8	5	6	9	1	7	2	3
2	9	7	4	1	6	5	3	8
3	4	1	7	5	8	2	9	6
6	5	8	2	3	9	1	7	4

Puzzle 136

2	6	7	8	4	1	5	3	9
1	8	4	9	3	5	7	6	2
5	9	3	7	2	6	1	8	4
4	3	5	1	8	2	6	9	7
8	1	6	3	7	9	2	4	5
9	7	2	5	6	4	3	1	8
6	4	9	2	1	7	8	5	3
7	5	8	6	9	3	4	2	1
3	2	1	4	5	8	9	7	6

Puzzle 137

9	2	3	7	1	6	8	4	5
8	5	7	3	9	4	6	2	1
4	1	6	5	2	8	7	3	9
7	6	9	2	5	3	1	8	4
2	3	5	4	8	1	9	6	7
1	8	4	6	7	9	2	5	3
3	4	2	9	6	7	5	1	8
6	9	1	8	3	5	4	7	2
5	7	8	1	4	2	3	9	6

Puzzle 138

3	2	7	6	9	8	4	1	5
5	9	4	3	1	7	6	8	2
6	1	8	4	2	5	9	7	3
1	8	5	9	6	2	7	3	4
7	3	2	1	8	4	5	9	6
9	4	6	7	5	3	8	2	1
8	5	1	2	7	6	3	4	9
4	7	9	5	3	1	2	6	8
2	6	3	8	4	9	1	5	7

Solutions

Puzzle 139

8	7	1	4	2	3	5	9	6
5	9	3	8	1	6	4	2	7
6	2	4	9	5	7	3	1	8
4	5	7	6	9	8	2	3	1
9	3	6	2	4	1	8	7	5
1	8	2	3	7	5	9	6	4
7	1	9	5	3	4	6	8	2
3	4	8	1	6	2	7	5	9
2	6	5	7	8	9	1	4	3

Puzzle 140

9	7	4	5	6	3	8	2	1
2	3	8	1	9	4	7	6	5
6	5	1	7	2	8	4	3	9
5	1	2	3	4	6	9	8	7
8	6	7	9	1	2	5	4	3
4	9	3	8	7	5	2	1	6
3	8	6	2	5	7	1	9	4
1	4	5	6	8	9	3	7	2
7	2	9	4	3	1	6	5	8

Puzzle 141

9	3	7	6	1	4	2	8	5
1	6	8	9	2	5	7	4	3
5	2	4	7	3	8	6	9	1
3	4	5	2	9	1	8	6	7
2	7	9	8	5	6	1	3	4
6	8	1	3	4	7	9	5	2
8	1	3	5	6	2	4	7	9
4	9	6	1	7	3	5	2	8
7	5	2	4	8	9	3	1	6

Puzzle 142

3	4	9	5	6	2	8	1	7
6	8	2	1	9	7	5	3	4
7	1	5	3	8	4	9	6	2
1	3	6	7	2	5	4	8	9
4	5	8	9	1	3	7	2	6
9	2	7	6	4	8	3	5	1
2	7	4	8	5	1	6	9	3
8	9	1	4	3	6	2	7	5
5	6	3	2	7	9	1	4	8

Puzzle 143

2	1	3	9	6	5	7	4	8
4	9	8	2	1	7	6	3	5
7	6	5	8	4	3	2	9	1
6	5	7	3	9	4	1	8	2
1	2	4	6	7	8	9	5	3
8	3	9	1	5	2	4	7	6
3	7	2	4	8	1	5	6	9
5	8	6	7	2	9	3	1	4
9	4	1	5	3	6	8	2	7

Puzzle 144

2	1	7	5	9	3	4	8	6
3	9	8	1	6	4	7	5	2
5	6	4	7	8	2	3	1	9
6	8	9	2	1	7	5	3	4
1	4	2	9	3	5	8	6	7
7	3	5	6	4	8	2	9	1
4	2	6	8	5	1	9	7	3
8	7	1	3	2	9	6	4	5
9	5	3	4	7	6	1	2	8

Puzzle 145

7	8	2	5	6	9	1	3	4
6	5	9	1	3	4	2	8	7
1	3	4	7	2	8	5	6	9
5	4	7	8	9	1	6	2	3
8	1	3	6	4	2	7	9	5
9	2	6	3	5	7	8	4	1
2	9	5	4	7	6	3	1	8
3	6	1	9	8	5	4	7	2
4	7	8	2	1	3	9	5	6

Puzzle 146

7	4	9	6	1	8	2	3	5
3	6	5	4	7	2	8	1	9
2	8	1	9	3	5	7	6	4
4	5	8	2	9	3	6	7	1
1	2	7	8	5	6	4	9	3
6	9	3	1	4	7	5	8	2
5	3	2	7	8	9	1	4	6
9	7	4	5	6	1	3	2	8
8	1	6	3	2	4	9	5	7

Solutions

Puzzle 147

6	3	7	5	8	1	4	9	2
5	4	2	9	3	6	1	7	8
8	1	9	7	2	4	5	6	3
1	8	4	6	7	3	2	5	9
7	6	5	8	9	2	3	1	4
9	2	3	1	4	5	7	8	6
2	7	6	3	5	8	9	4	1
3	9	8	4	1	7	6	2	5
4	5	1	2	6	9	8	3	7

Puzzle 148

2	8	9	4	5	6	7	3	1
5	3	6	1	7	8	2	9	4
7	1	4	3	9	2	8	6	5
6	5	1	9	8	7	4	2	3
4	7	8	2	3	1	9	5	6
3	9	2	6	4	5	1	7	8
9	4	5	8	2	3	6	1	7
8	6	7	5	1	9	3	4	2
1	2	3	7	6	4	5	8	9

Puzzle 149

9	5	4	3	7	1	2	8	6
2	1	8	5	6	9	3	7	4
7	6	3	2	8	4	1	9	5
5	3	2	4	9	7	8	6	1
8	4	9	6	1	3	7	5	2
1	7	6	8	5	2	9	4	3
6	2	5	9	3	8	4	1	7
4	8	1	7	2	5	6	3	9
3	9	7	1	4	6	5	2	8

Puzzle 150

6	3	8	9	7	1	4	2	5
7	9	5	4	2	3	1	6	8
1	4	2	6	8	5	3	9	7
8	2	3	1	4	9	5	7	6
5	7	4	3	6	8	2	1	9
9	1	6	7	5	2	8	3	4
3	5	7	2	9	4	6	8	1
4	6	1	8	3	7	9	5	2
2	8	9	5	1	6	7	4	3

Puzzle 151

2	8	7	1	4	9	3	6	5
4	1	3	2	6	5	7	9	8
9	6	5	8	3	7	4	2	1
7	4	1	5	2	3	6	8	9
5	2	8	4	9	6	1	7	3
6	3	9	7	8	1	5	4	2
1	7	2	6	5	8	9	3	4
3	5	4	9	7	2	8	1	6
8	9	6	3	1	4	2	5	7

Puzzle 152

6	5	1	9	3	4	7	8	2
3	4	8	2	1	7	5	9	6
7	2	9	5	8	6	4	3	1
8	7	5	1	4	9	2	6	3
9	1	4	6	2	3	8	7	5
2	3	6	8	7	5	1	4	9
4	9	2	7	6	1	3	5	8
1	6	7	3	5	8	9	2	4
5	8	3	4	9	2	6	1	7

Puzzle 153

9	4	7	8	6	2	5	1	3
6	2	1	3	5	9	4	8	7
3	5	8	7	1	4	9	6	2
2	7	6	4	9	8	1	3	5
5	1	3	2	7	6	8	9	4
4	8	9	1	3	5	7	2	6
8	6	4	9	2	7	3	5	1
7	3	2	5	8	1	6	4	9
1	9	5	6	4	3	2	7	8

Puzzle 154

2	8	5	9	4	3	6	1	7
7	3	1	2	6	5	8	9	4
6	4	9	1	8	7	2	3	5
4	5	8	3	7	6	1	2	9
3	1	2	5	9	4	7	6	8
9	6	7	8	2	1	5	4	3
1	2	3	4	5	8	9	7	6
5	9	6	7	3	2	4	8	1
8	7	4	6	1	9	3	5	2

Solutions

Puzzle 155

1	7	8	9	3	5	6	2	4
6	4	9	8	2	1	3	5	7
5	3	2	4	7	6	1	8	9
8	5	6	7	1	3	9	4	2
9	2	4	6	5	8	7	3	1
7	1	3	2	4	9	5	6	8
4	8	1	3	6	7	2	9	5
2	6	5	1	9	4	8	7	3
3	9	7	5	8	2	4	1	6

Puzzle 156

4	3	5	7	6	1	8	9	2
8	9	6	4	2	3	5	7	1
2	1	7	5	8	9	4	3	6
6	2	1	9	7	8	3	4	5
7	4	8	3	5	2	6	1	9
9	5	3	6	1	4	7	2	8
1	8	4	2	3	5	9	6	7
3	7	2	8	9	6	1	5	4
5	6	9	1	4	7	2	8	3

Puzzle 157

1	6	3	5	8	9	7	2	4
4	2	7	6	1	3	8	9	5
5	9	8	7	4	2	6	1	3
7	1	6	9	5	8	3	4	2
2	3	9	1	7	4	5	6	8
8	4	5	3	2	6	9	7	1
3	7	4	2	6	5	1	8	9
9	8	1	4	3	7	2	5	6
6	5	2	8	9	1	4	3	7

Puzzle 158

5	7	3	2	6	4	9	8	1
9	4	2	3	8	1	5	6	7
8	1	6	9	5	7	2	4	3
7	6	4	5	1	9	8	3	2
2	3	9	8	7	6	1	5	4
1	8	5	4	2	3	7	9	6
3	2	1	6	9	8	4	7	5
6	9	7	1	4	5	3	2	8
4	5	8	7	3	2	6	1	9

Puzzle 159

6	1	4	5	2	3	7	9	8
3	8	7	4	9	1	2	6	5
5	9	2	7	8	6	3	4	1
2	6	5	8	4	9	1	7	3
7	3	1	6	5	2	4	8	9
9	4	8	3	1	7	6	5	2
8	2	9	1	6	4	5	3	7
4	5	3	2	7	8	9	1	6
1	7	6	9	3	5	8	2	4

Puzzle 160

8	5	4	2	3	9	1	7	6
2	7	6	1	8	5	9	3	4
9	1	3	4	6	7	2	5	8
6	3	2	9	7	8	5	4	1
7	8	1	5	2	4	3	6	9
4	9	5	3	1	6	7	8	2
3	2	8	7	4	1	6	9	5
5	4	7	6	9	2	8	1	3
1	6	9	8	5	3	4	2	7

Puzzle 161

9	3	5	1	2	6	4	7	8
8	2	4	5	7	3	9	1	6
7	1	6	8	4	9	3	2	5
4	8	3	2	9	5	7	6	1
6	5	2	7	3	1	8	4	9
1	7	9	4	6	8	2	5	3
2	6	1	3	8	7	5	9	4
5	4	8	9	1	2	6	3	7
3	9	7	6	5	4	1	8	2

Puzzle 162

9	6	1	5	3	8	7	2	4
8	4	2	9	7	1	5	6	3
7	3	5	2	6	4	1	8	9
4	5	7	6	1	2	9	3	8
6	2	8	3	9	5	4	7	1
1	9	3	4	8	7	6	5	2
5	1	9	7	2	3	8	4	6
3	7	6	8	4	9	2	1	5
2	8	4	1	5	6	3	9	7

Solutions

Puzzle 163

3	8	7	5	9	6	1	2	4
2	9	1	7	3	4	5	6	8
5	6	4	1	2	8	9	7	3
6	3	5	2	8	7	4	1	9
4	7	9	3	5	1	6	8	2
1	2	8	6	4	9	7	3	5
7	4	3	9	1	2	8	5	6
8	5	6	4	7	3	2	9	1
9	1	2	8	6	5	3	4	7

Puzzle 164

2	7	9	8	3	6	5	4	1
5	4	8	1	7	9	6	2	3
3	6	1	2	4	5	7	8	9
7	1	3	9	6	4	2	5	8
6	9	2	5	1	8	3	7	4
4	8	5	3	2	7	9	1	6
1	2	6	4	5	3	8	9	7
8	5	7	6	9	1	4	3	2
9	3	4	7	8	2	1	6	5

Puzzle 165

3	8	7	2	1	5	9	6	4
9	1	2	4	7	6	5	8	3
6	4	5	8	3	9	2	7	1
5	2	8	3	9	4	6	1	7
4	3	6	1	2	7	8	5	9
1	7	9	5	6	8	3	4	2
8	5	1	9	4	2	7	3	6
7	9	4	6	8	3	1	2	5
2	6	3	7	5	1	4	9	8

Puzzle 166

8	5	9	3	6	7	1	2	4
1	2	6	9	8	4	3	5	7
4	7	3	5	1	2	9	8	6
5	3	2	7	9	8	6	4	1
7	1	8	4	2	6	5	3	9
6	9	4	1	5	3	2	7	8
9	8	7	2	3	1	4	6	5
2	6	1	8	4	5	7	9	3
3	4	5	6	7	9	8	1	2

Puzzle 167

5	4	1	2	9	7	8	3	6
7	9	8	6	4	3	5	2	1
3	2	6	1	5	8	9	7	4
9	6	2	4	1	5	3	8	7
1	7	4	8	3	9	6	5	2
8	3	5	7	2	6	4	1	9
2	8	9	3	6	1	7	4	5
4	5	7	9	8	2	1	6	3
6	1	3	5	7	4	2	9	8

Puzzle 168

1	9	8	3	7	6	5	4	2
2	5	6	4	9	8	3	7	1
4	7	3	1	5	2	8	6	9
6	2	7	5	1	9	4	3	8
5	1	4	2	8	3	6	9	7
3	8	9	7	6	4	1	2	5
7	4	5	6	2	1	9	8	3
8	6	1	9	3	7	2	5	4
9	3	2	8	4	5	7	1	6

Puzzle 169

1	7	4	5	2	8	9	6	3
3	2	9	6	7	4	5	8	1
6	8	5	3	1	9	4	7	2
8	4	7	2	9	6	1	3	5
2	6	1	8	3	5	7	4	9
5	9	3	1	4	7	6	2	8
4	1	8	7	5	2	3	9	6
9	5	2	4	6	3	8	1	7
7	3	6	9	8	1	2	5	4

Puzzle 170

6	2	4	5	3	1	9	8	7
5	7	3	9	2	8	1	6	4
8	9	1	4	6	7	3	2	5
2	8	9	7	4	6	5	1	3
4	6	5	8	1	3	7	9	2
3	1	7	2	5	9	6	4	8
7	5	8	1	9	4	2	3	6
1	4	6	3	7	2	8	5	9
9	3	2	6	8	5	4	7	1

Solutions

Puzzle 171

9	4	2	8	5	6	1	3	7
6	1	5	3	7	4	9	2	8
7	3	8	9	1	2	5	4	6
1	7	9	4	6	8	2	5	3
3	8	6	2	9	5	7	1	4
5	2	4	7	3	1	8	6	9
8	6	1	5	4	7	3	9	2
2	5	3	6	8	9	4	7	1
4	9	7	1	2	3	6	8	5

Puzzle 172

5	8	7	1	9	3	2	4	6
1	9	2	8	6	4	7	3	5
4	6	3	2	5	7	8	9	1
2	4	8	9	7	1	5	6	3
7	1	9	6	3	5	4	2	8
6	3	5	4	8	2	1	7	9
9	7	1	5	4	6	3	8	2
8	5	4	3	2	9	6	1	7
3	2	6	7	1	8	9	5	4

Puzzle 173

8	2	9	5	3	6	7	1	4
6	3	7	1	4	8	2	5	9
1	4	5	7	2	9	6	3	8
9	6	3	8	1	2	5	4	7
2	5	8	4	9	7	1	6	3
4	7	1	6	5	3	8	9	2
5	9	4	2	7	1	3	8	6
7	1	6	3	8	4	9	2	5
3	8	2	9	6	5	4	7	1

Puzzle 174

6	1	3	4	5	2	9	7	8
7	5	8	9	1	6	2	3	4
9	2	4	3	8	7	1	5	6
8	9	1	6	2	3	7	4	5
4	7	6	8	9	5	3	1	2
5	3	2	1	7	4	6	8	9
3	4	5	7	6	9	8	2	1
1	6	7	2	4	8	5	9	3
2	8	9	5	3	1	4	6	7

Puzzle 175

5	8	7	3	4	9	1	2	6
3	4	9	6	2	1	8	7	5
1	6	2	7	8	5	4	3	9
2	1	8	4	6	3	5	9	7
7	3	5	9	1	2	6	8	4
6	9	4	5	7	8	3	1	2
8	7	1	2	5	6	9	4	3
9	2	6	8	3	4	7	5	1
4	5	3	1	9	7	2	6	8

Puzzle 176

8	9	1	7	3	6	4	5	2
5	6	2	9	1	4	3	8	7
4	3	7	2	5	8	6	9	1
7	8	4	3	6	2	9	1	5
9	1	5	8	4	7	2	6	3
6	2	3	1	9	5	8	7	4
2	5	9	4	8	1	7	3	6
1	4	8	6	7	3	5	2	9
3	7	6	5	2	9	1	4	8

Puzzle 177

6	4	9	7	2	5	1	3	8
8	3	2	9	6	1	4	7	5
7	5	1	8	3	4	2	9	6
1	7	8	6	9	3	5	2	4
9	2	4	1	5	8	3	6	7
3	6	5	2	4	7	8	1	9
5	8	6	3	7	2	9	4	1
4	9	3	5	1	6	7	8	2
2	1	7	4	8	9	6	5	3

Puzzle 178

9	3	4	8	6	2	5	7	1
8	1	7	4	5	9	2	3	6
5	2	6	3	7	1	9	8	4
4	7	9	2	1	3	6	5	8
3	5	1	6	4	8	7	2	9
6	8	2	7	9	5	4	1	3
7	6	5	1	8	4	3	9	2
1	9	3	5	2	6	8	4	7
2	4	8	9	3	7	1	6	5

Solutions

Puzzle 179

8	1	2	6	4	9	5	7	3
6	9	4	3	5	7	2	1	8
3	7	5	2	8	1	6	9	4
5	2	8	7	6	3	1	4	9
7	3	9	1	2	4	8	6	5
4	6	1	5	9	8	7	3	2
2	5	7	4	3	6	9	8	1
9	4	6	8	1	5	3	2	7
1	8	3	9	7	2	4	5	6

Puzzle 180

6	8	2	4	5	3	1	7	9
1	9	5	2	7	8	6	4	3
7	4	3	9	1	6	5	2	8
8	5	7	1	4	9	3	6	2
4	2	6	5	3	7	8	9	1
9	3	1	8	6	2	4	5	7
3	7	4	6	2	1	9	8	5
5	1	9	7	8	4	2	3	6
2	6	8	3	9	5	7	1	4

Puzzle 181

5	2	8	7	4	3	9	1	6
3	6	9	8	2	1	4	7	5
7	4	1	6	9	5	8	3	2
9	8	6	5	7	2	3	4	1
4	3	2	9	1	6	7	5	8
1	5	7	4	3	8	6	2	9
8	1	5	3	6	7	2	9	4
6	9	3	2	5	4	1	8	7
2	7	4	1	8	9	5	6	3

Puzzle 182

3	9	7	4	8	5	1	6	2
1	2	8	3	9	6	5	7	4
4	5	6	1	7	2	9	3	8
6	3	9	7	2	4	8	5	1
8	1	5	6	3	9	4	2	7
2	7	4	8	5	1	3	9	6
9	4	2	5	6	8	7	1	3
5	8	3	2	1	7	6	4	9
7	6	1	9	4	3	2	8	5

Puzzle 183

3	9	2	5	6	4	7	1	8
1	8	6	2	3	7	9	4	5
5	4	7	1	9	8	3	2	6
8	2	4	6	5	3	1	7	9
6	7	5	4	1	9	2	8	3
9	3	1	8	7	2	6	5	4
7	5	9	3	4	1	8	6	2
4	1	8	9	2	6	5	3	7
2	6	3	7	8	5	4	9	1

Puzzle 184

6	1	3	5	7	2	9	8	4
9	4	2	8	6	1	7	5	3
7	5	8	3	4	9	1	2	6
8	3	7	1	9	5	4	6	2
4	6	1	7	2	8	3	9	5
2	9	5	6	3	4	8	1	7
3	7	9	2	1	6	5	4	8
1	8	6	4	5	7	2	3	9
5	2	4	9	8	3	6	7	1

Puzzle 185

7	8	1	9	3	4	5	2	6
3	2	6	1	7	5	9	8	4
4	5	9	8	6	2	7	1	3
2	3	4	7	1	9	6	5	8
9	1	7	6	5	8	4	3	2
8	6	5	4	2	3	1	9	7
5	9	8	2	4	7	3	6	1
6	7	2	3	9	1	8	4	5
1	4	3	5	8	6	2	7	9

Puzzle 186

7	3	2	5	8	4	1	9	6
6	8	9	2	1	3	7	5	4
1	5	4	9	6	7	8	2	3
4	6	3	1	9	2	5	7	8
2	1	5	3	7	8	4	6	9
9	7	8	6	4	5	2	3	1
8	9	1	7	2	6	3	4	5
3	4	7	8	5	9	6	1	2
5	2	6	4	3	1	9	8	7

Solutions

Puzzle 187

9	6	7	5	4	2	1	8	3
2	3	4	8	9	1	5	6	7
5	8	1	6	3	7	2	9	4
3	5	8	2	7	4	6	1	9
1	4	2	9	6	3	8	7	5
7	9	6	1	8	5	3	4	2
6	1	3	7	5	9	4	2	8
4	2	9	3	1	8	7	5	6
8	7	5	4	2	6	9	3	1

Puzzle 188

3	8	6	5	4	2	1	7	9
9	7	1	8	6	3	5	4	2
5	2	4	7	1	9	6	8	3
2	4	8	3	7	6	9	1	5
6	9	5	1	8	4	2	3	7
1	3	7	2	9	5	8	6	4
8	1	9	4	2	7	3	5	6
4	5	2	6	3	1	7	9	8
7	6	3	9	5	8	4	2	1

Puzzle 189

4	5	1	9	2	7	8	6	3
9	7	3	1	6	8	5	2	4
2	6	8	5	4	3	1	7	9
3	8	7	6	9	2	4	1	5
5	4	9	8	7	1	2	3	6
6	1	2	4	3	5	7	9	8
8	2	4	3	1	9	6	5	7
1	9	5	7	8	6	3	4	2
7	3	6	2	5	4	9	8	1

Puzzle 190

2	4	5	6	1	3	7	9	8
8	6	7	2	9	5	1	3	4
9	1	3	8	7	4	5	6	2
1	5	8	3	2	9	6	4	7
3	9	4	7	5	6	8	2	1
7	2	6	1	4	8	3	5	9
5	3	2	9	8	7	4	1	6
6	7	1	4	3	2	9	8	5
4	8	9	5	6	1	2	7	3

Puzzle 191

7	4	5	2	1	8	9	3	6
8	9	2	4	6	3	1	5	7
1	3	6	5	9	7	2	8	4
6	5	1	3	7	2	4	9	8
4	8	7	1	5	9	6	2	3
9	2	3	8	4	6	7	1	5
3	7	8	9	2	4	5	6	1
5	6	9	7	8	1	3	4	2
2	1	4	6	3	5	8	7	9

Puzzle 192

8	2	6	4	1	7	5	3	9
7	9	4	5	3	8	1	2	6
1	5	3	9	2	6	4	7	8
3	4	5	8	9	1	2	6	7
2	7	1	3	6	4	9	8	5
9	6	8	2	7	5	3	1	4
4	3	9	7	8	2	6	5	1
6	8	2	1	5	9	7	4	3
5	1	7	6	4	3	8	9	2

Puzzle 193

5	7	8	2	9	4	3	6	1
9	4	2	3	6	1	8	5	7
6	1	3	5	7	8	4	9	2
7	6	4	9	1	5	2	8	3
3	8	5	4	2	7	9	1	6
2	9	1	6	8	3	5	7	4
1	2	6	8	3	9	7	4	5
8	5	7	1	4	2	6	3	9
4	3	9	7	5	6	1	2	8

Puzzle 194

5	2	6	4	7	3	8	9	1
7	9	1	8	6	2	5	4	3
3	4	8	1	9	5	6	2	7
6	7	2	9	1	8	4	3	5
4	1	5	6	3	7	2	8	9
9	8	3	2	5	4	1	7	6
1	6	4	7	2	9	3	5	8
8	3	9	5	4	6	7	1	2
2	5	7	3	8	1	9	6	4

Solutions

Puzzle 195

8	2	4	6	5	3	1	7	9
5	1	3	8	7	9	4	6	2
9	6	7	1	4	2	5	8	3
1	9	2	4	6	7	3	5	8
4	5	8	2	3	1	7	9	6
7	3	6	5	9	8	2	1	4
2	4	9	7	1	6	8	3	5
6	7	5	3	8	4	9	2	1
3	8	1	9	2	5	6	4	7

Puzzle 196

3	7	8	5	4	1	2	6	9
4	5	2	8	6	9	1	3	7
9	1	6	2	3	7	8	4	5
5	4	7	9	1	2	6	8	3
8	2	1	3	5	6	7	9	4
6	3	9	7	8	4	5	1	2
2	8	4	1	9	5	3	7	6
7	6	3	4	2	8	9	5	1
1	9	5	6	7	3	4	2	8

Puzzle 197

2	7	4	9	5	8	3	1	6
5	1	8	3	6	4	9	2	7
6	3	9	7	2	1	4	5	8
8	4	5	1	7	2	6	9	3
1	9	2	8	3	6	7	4	5
7	6	3	4	9	5	2	8	1
3	2	6	5	8	9	1	7	4
4	5	7	2	1	3	8	6	9
9	8	1	6	4	7	5	3	2

Puzzle 198

1	9	6	5	3	8	7	2	4
2	4	3	6	7	9	8	5	1
7	5	8	2	4	1	9	3	6
3	6	5	7	1	4	2	9	8
8	1	2	3	9	5	6	4	7
4	7	9	8	6	2	3	1	5
5	3	4	9	8	7	1	6	2
9	2	7	1	5	6	4	8	3
6	8	1	4	2	3	5	7	9

Puzzle 199

3	7	8	5	9	1	2	4	6
1	6	9	4	2	8	3	5	7
2	4	5	3	7	6	1	8	9
6	8	4	9	5	3	7	1	2
7	9	3	1	8	2	4	6	5
5	1	2	6	4	7	8	9	3
8	3	1	2	6	9	5	7	4
9	5	7	8	3	4	6	2	1
4	2	6	7	1	5	9	3	8

Puzzle 200

1	4	3	8	6	7	2	9	5
9	7	8	2	1	5	3	4	6
5	6	2	4	9	3	8	1	7
3	1	9	7	8	2	6	5	4
6	2	4	9	5	1	7	8	3
7	8	5	6	3	4	1	2	9
8	5	1	3	4	6	9	7	2
2	9	6	5	7	8	4	3	1
4	3	7	1	2	9	5	6	8

Puzzle 201

2	1	9	7	8	4	6	3	5
6	5	4	9	2	3	8	7	1
7	3	8	6	5	1	4	2	9
5	8	7	1	9	2	3	4	6
1	9	6	3	4	7	2	5	8
3	4	2	8	6	5	9	1	7
4	6	1	5	3	8	7	9	2
8	2	5	4	7	9	1	6	3
9	7	3	2	1	6	5	8	4

Puzzle 202

9	8	7	1	4	6	5	3	2
5	4	2	8	3	9	1	7	6
1	3	6	5	7	2	9	4	8
2	1	3	6	9	4	8	5	7
7	6	9	2	5	8	3	1	4
4	5	8	7	1	3	2	6	9
8	9	5	3	6	7	4	2	1
3	7	4	9	2	1	6	8	5
6	2	1	4	8	5	7	9	3

Solutions

Puzzle 203

6	1	7	9	2	8	5	4	3
5	4	3	1	6	7	2	9	8
9	2	8	3	5	4	6	1	7
3	8	1	6	7	9	4	2	5
7	5	9	4	1	2	3	8	6
4	6	2	5	8	3	1	7	9
2	3	5	7	9	1	8	6	4
1	9	4	8	3	6	7	5	2
8	7	6	2	4	5	9	3	1

Puzzle 204

1	9	7	5	2	4	6	3	8
6	5	3	7	8	1	9	2	4
8	4	2	3	9	6	7	5	1
5	7	9	1	3	2	8	4	6
2	6	4	8	7	9	5	1	3
3	8	1	4	6	5	2	9	7
4	1	8	2	5	7	3	6	9
9	3	5	6	4	8	1	7	2
7	2	6	9	1	3	4	8	5

Puzzle 205

5	2	9	6	7	4	3	1	8
1	8	4	3	5	2	9	6	7
7	6	3	1	8	9	2	5	4
2	4	1	5	3	7	8	9	6
3	7	5	8	9	6	1	4	2
8	9	6	4	2	1	7	3	5
9	1	8	2	4	5	6	7	3
4	3	7	9	6	8	5	2	1
6	5	2	7	1	3	4	8	9

Puzzle 206

7	2	6	8	5	4	1	9	3
1	4	5	9	6	3	7	2	8
8	9	3	1	7	2	5	6	4
4	7	9	6	3	5	2	8	1
6	5	1	2	8	9	4	3	7
3	8	2	4	1	7	6	5	9
9	6	7	5	4	8	3	1	2
2	1	4	3	9	6	8	7	5
5	3	8	7	2	1	9	4	6

Puzzle 207

7	1	9	3	4	5	6	2	8
2	8	5	1	6	9	3	4	7
3	4	6	2	7	8	9	5	1
4	5	7	9	1	2	8	3	6
8	9	3	6	5	4	1	7	2
6	2	1	7	8	3	5	9	4
9	3	4	8	2	1	7	6	5
1	6	2	5	9	7	4	8	3
5	7	8	4	3	6	2	1	9

Puzzle 208

4	7	8	6	9	5	2	3	1
9	3	1	7	2	8	4	6	5
5	6	2	3	4	1	8	7	9
2	9	7	8	3	4	5	1	6
1	8	6	5	7	9	3	2	4
3	5	4	1	6	2	7	9	8
8	4	3	9	1	7	6	5	2
7	1	5	2	8	6	9	4	3
6	2	9	4	5	3	1	8	7

Puzzle 209

1	9	7	8	4	6	3	5	2
6	5	8	2	3	9	7	4	1
4	2	3	5	1	7	9	8	6
3	6	5	4	9	8	1	2	7
2	1	9	3	7	5	8	6	4
7	8	4	1	6	2	5	3	9
9	3	1	6	8	4	2	7	5
5	7	6	9	2	3	4	1	8
8	4	2	7	5	1	6	9	3

Puzzle 210

3	1	9	6	2	8	7	5	4
5	8	6	7	1	4	2	3	9
4	7	2	3	9	5	8	6	1
7	6	1	2	5	9	3	4	8
9	3	8	4	7	6	1	2	5
2	5	4	8	3	1	9	7	6
8	4	7	1	6	2	5	9	3
1	9	3	5	4	7	6	8	2
6	2	5	9	8	3	4	1	7

Solutions

Puzzle 211

7	9	8	3	1	5	4	2	6
2	6	4	7	9	8	3	5	1
5	3	1	6	4	2	9	7	8
8	5	6	2	3	7	1	9	4
1	7	3	4	5	9	6	8	2
4	2	9	1	8	6	5	3	7
3	8	2	5	6	4	7	1	9
9	4	5	8	7	1	2	6	3
6	1	7	9	2	3	8	4	5

Puzzle 212

8	1	4	2	5	7	9	6	3
7	6	5	4	3	9	1	8	2
2	3	9	6	8	1	4	7	5
9	7	1	8	4	2	3	5	6
5	8	3	7	9	6	2	1	4
4	2	6	3	1	5	7	9	8
6	5	7	1	2	4	8	3	9
1	4	8	9	6	3	5	2	7
3	9	2	5	7	8	6	4	1

Puzzle 213

7	5	8	3	1	4	9	2	6
9	1	3	2	6	5	4	8	7
6	4	2	8	9	7	3	5	1
5	3	7	1	4	2	8	6	9
1	2	6	5	8	9	7	3	4
8	9	4	6	7	3	5	1	2
3	7	1	4	5	6	2	9	8
4	8	5	9	2	1	6	7	3
2	6	9	7	3	8	1	4	5

Puzzle 214

8	4	7	5	2	6	3	9	1
2	3	9	7	1	4	5	6	8
5	6	1	8	9	3	4	2	7
3	8	2	6	5	1	9	7	4
9	1	6	4	7	8	2	3	5
4	7	5	9	3	2	1	8	6
6	9	4	3	8	5	7	1	2
1	5	3	2	6	7	8	4	9
7	2	8	1	4	9	6	5	3

Puzzle 215

4	2	9	8	7	5	1	3	6
1	5	3	6	2	4	8	9	7
6	8	7	9	3	1	2	4	5
7	3	6	1	9	8	5	2	4
2	1	8	5	4	3	6	7	9
9	4	5	7	6	2	3	1	8
3	6	1	4	8	7	9	5	2
5	9	4	2	1	6	7	8	3
8	7	2	3	5	9	4	6	1

Puzzle 216

6	1	9	8	3	4	2	5	7
7	4	3	9	2	5	6	8	1
8	2	5	6	1	7	4	9	3
1	3	6	7	5	9	8	4	2
2	7	8	4	6	1	5	3	9
9	5	4	2	8	3	1	7	6
4	6	2	3	9	8	7	1	5
3	8	1	5	7	2	9	6	4
5	9	7	1	4	6	3	2	8

Puzzle 217

1	2	5	7	8	4	9	6	3
4	9	7	3	6	1	5	8	2
6	3	8	5	9	2	1	4	7
2	5	4	9	1	7	6	3	8
8	7	1	6	2	3	4	9	5
9	6	3	8	4	5	2	7	1
3	1	9	2	7	6	8	5	4
5	8	2	4	3	9	7	1	6
7	4	6	1	5	8	3	2	9

Puzzle 218

6	4	7	1	3	9	2	8	5
8	2	5	6	7	4	9	3	1
3	9	1	8	5	2	6	4	7
9	7	2	4	6	3	1	5	8
4	8	6	7	1	5	3	2	9
5	1	3	2	9	8	7	6	4
1	5	9	3	8	6	4	7	2
2	6	8	9	4	7	5	1	3
7	3	4	5	2	1	8	9	6

Solutions

Puzzle 219

2	5	9	1	7	8	4	3	6
8	1	6	4	9	3	2	5	7
7	3	4	6	5	2	9	8	1
4	8	2	5	3	1	6	7	9
1	6	5	9	2	7	3	4	8
9	7	3	8	6	4	1	2	5
3	2	8	7	1	6	5	9	4
6	9	7	2	4	5	8	1	3
5	4	1	3	8	9	7	6	2

Puzzle 220

9	4	7	2	3	8	5	1	6
2	1	8	4	6	5	9	3	7
5	6	3	1	9	7	2	4	8
6	7	4	3	8	2	1	5	9
8	5	2	9	1	6	3	7	4
3	9	1	5	7	4	6	8	2
7	8	5	6	2	3	4	9	1
4	2	9	7	5	1	8	6	3
1	3	6	8	4	9	7	2	5

Puzzle 221

4	6	9	8	7	3	2	1	5
5	1	7	6	2	4	3	9	8
2	3	8	1	9	5	6	7	4
1	9	3	5	8	6	4	2	7
7	8	5	2	4	1	9	6	3
6	2	4	9	3	7	8	5	1
9	4	1	3	5	2	7	8	6
3	5	2	7	6	8	1	4	9
8	7	6	4	1	9	5	3	2

Puzzle 222

5	7	1	4	2	8	9	6	3
2	3	6	7	5	9	8	4	1
4	9	8	3	6	1	2	5	7
3	6	2	8	4	5	1	7	9
9	1	5	2	3	7	6	8	4
7	8	4	1	9	6	5	3	2
1	5	7	9	8	3	4	2	6
6	4	3	5	1	2	7	9	8
8	2	9	6	7	4	3	1	5

Puzzle 223

8	6	5	9	2	1	7	4	3
4	9	7	3	5	8	6	1	2
2	3	1	7	6	4	5	9	8
3	2	6	8	4	9	1	7	5
5	4	8	6	1	7	3	2	9
1	7	9	5	3	2	4	8	6
9	8	3	4	7	5	2	6	1
7	5	2	1	9	6	8	3	4
6	1	4	2	8	3	9	5	7

Puzzle 224

8	1	6	4	9	2	7	5	3
7	4	3	5	8	1	9	6	2
9	2	5	6	7	3	8	1	4
4	5	7	8	1	9	2	3	6
1	6	2	7	3	4	5	9	8
3	8	9	2	5	6	1	4	7
2	7	1	3	6	5	4	8	9
5	3	8	9	4	7	6	2	1
6	9	4	1	2	8	3	7	5

Puzzle 225

9	8	1	4	2	3	7	6	5
3	4	2	5	7	6	9	8	1
6	7	5	1	9	8	2	4	3
5	3	8	2	6	7	1	9	4
4	2	7	9	5	1	6	3	8
1	9	6	8	3	4	5	7	2
7	1	9	3	8	2	4	5	6
8	5	4	6	1	9	3	2	7
2	6	3	7	4	5	8	1	9

Puzzle 226

4	9	2	7	5	3	1	8	6
3	6	8	9	2	1	7	4	5
5	7	1	6	8	4	2	3	9
6	8	3	1	4	7	5	9	2
7	2	9	5	6	8	4	1	3
1	5	4	3	9	2	6	7	8
2	4	5	8	1	9	3	6	7
8	1	7	2	3	6	9	5	4
9	3	6	4	7	5	8	2	1

Solutions

Puzzle 227

2	1	5	8	6	9	3	7	4
7	8	4	5	1	3	2	6	9
9	3	6	7	2	4	5	1	8
5	2	9	1	3	8	7	4	6
8	6	7	2	4	5	9	3	1
3	4	1	9	7	6	8	2	5
4	9	2	6	8	7	1	5	3
1	5	3	4	9	2	6	8	7
6	7	8	3	5	1	4	9	2

Puzzle 228

8	5	6	3	7	4	1	2	9
3	1	4	8	2	9	7	6	5
7	2	9	5	1	6	8	4	3
1	7	8	4	5	2	9	3	6
5	9	3	6	8	1	4	7	2
6	4	2	7	9	3	5	1	8
4	6	5	1	3	8	2	9	7
2	8	1	9	6	7	3	5	4
9	3	7	2	4	5	6	8	1

Puzzle 229

4	5	8	6	3	9	2	1	7
3	2	9	7	5	1	4	6	8
6	7	1	2	4	8	9	5	3
2	1	3	8	7	6	5	4	9
8	4	6	9	1	5	7	3	2
5	9	7	3	2	4	1	8	6
1	6	2	5	9	3	8	7	4
9	3	5	4	8	7	6	2	1
7	8	4	1	6	2	3	9	5

Puzzle 230

3	1	7	9	2	8	6	5	4
9	4	8	6	7	5	2	3	1
2	6	5	3	1	4	8	7	9
5	8	9	2	6	1	7	4	3
6	3	1	4	9	7	5	2	8
4	7	2	8	5	3	9	1	6
8	9	4	7	3	2	1	6	5
7	5	3	1	8	6	4	9	2
1	2	6	5	4	9	3	8	7

Puzzle 231

7	9	5	3	6	8	4	1	2
8	6	4	1	9	2	3	7	5
1	3	2	4	5	7	9	8	6
3	4	8	7	2	6	5	9	1
5	1	6	8	3	9	7	2	4
2	7	9	5	4	1	6	3	8
6	8	1	9	7	4	2	5	3
4	5	7	2	1	3	8	6	9
9	2	3	6	8	5	1	4	7

Puzzle 232

1	3	8	4	2	6	5	7	9
6	4	9	5	7	1	3	2	8
5	2	7	8	3	9	4	1	6
4	5	3	2	9	7	8	6	1
7	8	2	6	1	4	9	3	5
9	1	6	3	5	8	2	4	7
2	7	4	9	6	5	1	8	3
8	6	5	1	4	3	7	9	2
3	9	1	7	8	2	6	5	4

Puzzle 233

1	8	7	4	9	2	3	6	5
4	2	3	5	6	8	9	7	1
6	5	9	7	1	3	8	4	2
2	7	1	6	3	4	5	9	8
9	3	4	8	5	7	1	2	6
5	6	8	1	2	9	7	3	4
7	4	5	3	8	6	2	1	9
3	1	2	9	4	5	6	8	7
8	9	6	2	7	1	4	5	3

Puzzle 234

9	1	3	6	7	4	8	5	2
6	2	5	1	8	3	9	4	7
7	4	8	5	9	2	6	3	1
1	6	7	4	3	8	5	2	9
8	5	4	9	2	6	1	7	3
2	3	9	7	5	1	4	6	8
4	7	6	3	1	9	2	8	5
5	9	2	8	6	7	3	1	4
3	8	1	2	4	5	7	9	6

Solutions

Puzzle 235

4	2	1	5	8	9	6	3	7
5	7	9	6	2	3	1	8	4
8	3	6	7	4	1	9	5	2
7	8	4	9	1	2	3	6	5
1	5	2	4	3	6	8	7	9
9	6	3	8	7	5	2	4	1
6	9	7	1	5	8	4	2	3
2	4	8	3	9	7	5	1	6
3	1	5	2	6	4	7	9	8

Puzzle 236

2	9	5	3	8	4	7	6	1
3	1	6	7	2	5	8	9	4
8	7	4	1	6	9	2	5	3
6	3	7	2	1	8	9	4	5
9	5	1	6	4	7	3	2	8
4	2	8	9	5	3	6	1	7
5	4	2	8	7	6	1	3	9
1	8	3	5	9	2	4	7	6
7	6	9	4	3	1	5	8	2

Puzzle 237

6	8	5	9	4	2	7	3	1
1	2	9	5	3	7	6	4	8
7	4	3	6	1	8	9	2	5
4	3	2	7	8	9	1	5	6
8	5	7	3	6	1	4	9	2
9	1	6	2	5	4	8	7	3
3	7	4	8	2	6	5	1	9
2	9	8	1	7	5	3	6	4
5	6	1	4	9	3	2	8	7

Puzzle 238

6	4	9	1	5	2	3	8	7
7	1	3	8	6	4	9	2	5
5	8	2	3	7	9	6	1	4
9	6	8	4	3	5	2	7	1
1	3	4	7	2	6	5	9	8
2	5	7	9	1	8	4	3	6
3	7	5	2	4	1	8	6	9
4	9	1	6	8	3	7	5	2
8	2	6	5	9	7	1	4	3

Puzzle 239

6	1	3	4	9	7	5	8	2
2	5	8	3	6	1	9	4	7
4	9	7	5	2	8	3	1	6
9	8	1	6	5	4	7	2	3
3	2	4	8	7	9	6	5	1
7	6	5	1	3	2	4	9	8
8	7	9	2	4	3	1	6	5
5	3	2	9	1	6	8	7	4
1	4	6	7	8	5	2	3	9

Puzzle 240

4	5	9	7	2	3	8	1	6
1	6	3	4	5	8	7	9	2
8	2	7	9	6	1	4	3	5
7	3	1	6	9	5	2	8	4
2	4	8	3	1	7	5	6	9
6	9	5	2	8	4	3	7	1
9	7	4	5	3	6	1	2	8
5	8	2	1	7	9	6	4	3
3	1	6	8	4	2	9	5	7

Puzzle 241

1	5	8	3	9	2	4	7	6
2	3	9	7	6	4	8	5	1
6	4	7	5	8	1	3	9	2
9	1	4	8	2	7	6	3	5
5	2	6	1	4	3	9	8	7
8	7	3	9	5	6	2	1	4
7	8	2	6	3	5	1	4	9
3	6	1	4	7	9	5	2	8
4	9	5	2	1	8	7	6	3

Puzzle 242

7	9	2	5	3	4	1	8	6
1	8	5	6	9	7	4	2	3
6	3	4	1	2	8	9	7	5
8	4	6	2	5	9	7	3	1
5	7	9	3	8	1	2	6	4
2	1	3	4	7	6	8	5	9
3	5	7	9	1	2	6	4	8
4	2	1	8	6	5	3	9	7
9	6	8	7	4	3	5	1	2

Solutions

Puzzle 243

3	7	2	6	9	4	5	8	1
1	8	4	7	5	3	9	6	2
9	5	6	8	1	2	7	4	3
7	2	8	1	6	5	3	9	4
5	1	9	3	4	7	6	2	8
6	4	3	9	2	8	1	5	7
8	6	1	2	3	9	4	7	5
2	3	5	4	7	6	8	1	9
4	9	7	5	8	1	2	3	6

Puzzle 244

7	4	9	2	8	1	3	5	6
5	8	2	3	6	4	1	9	7
3	1	6	5	9	7	4	2	8
8	9	3	1	5	6	7	4	2
6	7	5	8	4	2	9	3	1
4	2	1	9	7	3	6	8	5
1	5	4	6	2	9	8	7	3
9	6	8	7	3	5	2	1	4
2	3	7	4	1	8	5	6	9

Puzzle 245

6	3	8	9	4	5	2	1	7
1	9	7	2	6	3	8	4	5
5	4	2	7	1	8	9	6	3
3	2	6	1	5	9	4	7	8
4	8	9	3	2	7	6	5	1
7	1	5	6	8	4	3	2	9
9	6	3	4	7	1	5	8	2
8	7	4	5	3	2	1	9	6
2	5	1	8	9	6	7	3	4

Puzzle 246

2	6	7	3	8	9	1	5	4
5	3	4	1	6	2	7	9	8
1	8	9	7	5	4	3	2	6
9	2	3	8	7	1	6	4	5
4	7	1	6	9	5	8	3	2
8	5	6	2	4	3	9	1	7
6	9	2	5	1	7	4	8	3
7	1	5	4	3	8	2	6	9
3	4	8	9	2	6	5	7	1

Puzzle 247

2	7	5	8	3	6	4	1	9
9	6	4	7	1	5	8	2	3
3	1	8	2	9	4	5	7	6
7	3	2	1	6	8	9	4	5
4	5	6	3	7	9	2	8	1
8	9	1	4	5	2	6	3	7
6	4	3	5	8	1	7	9	2
1	8	9	6	2	7	3	5	4
5	2	7	9	4	3	1	6	8

Puzzle 248

3	8	5	4	2	7	1	9	6
4	6	7	1	5	9	2	8	3
1	2	9	6	3	8	4	7	5
7	9	2	5	6	3	8	4	1
8	3	1	2	9	4	5	6	7
5	4	6	8	7	1	9	3	2
6	1	4	3	8	5	7	2	9
9	5	3	7	4	2	6	1	8
2	7	8	9	1	6	3	5	4

Puzzle 249

6	5	4	8	1	3	7	9	2
3	1	9	7	6	2	8	4	5
2	8	7	5	4	9	3	6	1
5	2	1	3	8	4	9	7	6
9	4	8	2	7	6	5	1	3
7	3	6	9	5	1	4	2	8
8	9	5	6	2	7	1	3	4
4	7	2	1	3	8	6	5	9
1	6	3	4	9	5	2	8	7

Puzzle 250

1	5	7	3	9	6	8	2	4
9	4	8	5	2	1	7	3	6
3	2	6	7	8	4	5	9	1
6	1	2	4	7	8	3	5	9
8	9	5	1	3	2	6	4	7
7	3	4	9	6	5	2	1	8
2	7	3	6	1	9	4	8	5
5	8	9	2	4	7	1	6	3
4	6	1	8	5	3	9	7	2